사랑 깊은 동행

가나안의 복음 ⑤ 사랑 깊은 동행
초판 1쇄 찍은 날 · 2012년 11월 20일 | 펴낸 날 · 2012년 11월 25일
지은이 · 바실레아 슐링크 | 펴낸이 · 김승태
등록번호 · 제2-1349호(1992. 3. 31) | 펴낸 곳 · 예영커뮤니케이션
주소 · (136-825) 서울시 성북구 성북1동 179-56 | 홈페이지 www.jeyoung.com
출판사업부 · T. (02)766-8931 F. (02)766-8934 e-mail: jeyoungedit@chol.com
출판유통사업부 · T. (02)766-7912 F. (02)766-8934 e-mail: jeyoung@chol.com

ISBN 978-89-8350-818-8 (03810)
　　　 978-89-8350-801-0 (세트)

값 11,000원

* 잘못 만들어진 책은 교환해 드립니다.
* 본 저작물은 저작권법에 의하여 한국 내에서 보호를 받는 저작물이므로 무단 전제와 무단 복제를 금합니다.

가나안의 복음 ⑤

사랑 깊은 동행

기독교마리아자매회를 일으킨 영성의 원천 예수 고난 묵상

바실레아 슐링크 지음

예영커뮤니케이션

차례

6. 십자가를 지고 가심 ♡ 165

7. 십자가에 못 박히심 ♡ 199

아, 소리 높여 애통하리.
밤낮으로 애통하리.
영원하신 사랑, 당신이 사랑받지 못하심을!
십자가 길 함께 갈 사람 찾으시나
우리는 모두 제 갈 길로
고난의 길 피하는구나.

　예수님의 고난을 묵상하는 것은 매우 중요합니다. 다른 무엇보다 십자가를 묵상하는 것이 예수님의 마음과 본성에 더 많이 가까워지게 하기 때문입니다. 우리를 위해 고난받으신 그분의 십자가와 한없는 사랑을 묵상함으로써 우리는 예수님께 더 가까이 다가가게 됩니다. 그 길을 가면, 비판적이고 완고하며 무자비하던 영혼에게서 사랑과 선함이 흘러나오고, 지배적이고 자기 고집대로 행하던 자에게서 온유함이 흘러나오며, 교만한 자를 겸손하게 변하도록 이끄십니다. 이렇게 예수님과 함께 죽음의 길로 동행하며 자신을 내어 드릴 때 우리에게서 일어나는 모든 것은 창조의 역사요, 하나님의 기적입니다.

　우리가 예수님의 마음에 더욱 가까이 가고자 한다면, 사순절 기간만이 아니라 날마다 십자가의 고난을 묵상해야 할 것입니다. 그러면 주님께 대한 사랑이 자라며, 회개의 길로 인도됩니다. 죄를 깨닫고 회개하며 돌이키는데, 우리 죄로 인해 고난당하신 십자가의 예수님을 바라보는 것보다 더 나은 것은 무엇이겠습니까? 많은 이들이 예수님의 고난을 깨닫고 자신의 죄를 회개하며 하나님의 어린 양을 경배합니다. 이것이 바로 예수님의 고난 속에 감추어진 능력입니다.

이 회개와 사랑은 예수님의 고난을 바라보고 자신의 죄에 대해 눈물 흘리며, 우리를 구원해 주신 주님께 대한 사랑과 감사를 지니게 할 뿐 아니라, 주님의 부르심에 귀를 기울이게 합니다.

"와서 너의 십자가를 지고 나를 따르라."

당시처럼 오늘도 예수님은 우리를 부르고 계십니다. 예수님은 어제나 오늘뿐만 아니라 영원토록 동일하시기 때문입니다.

오늘도 주님께서는 고난을 보이시며 우리 가운데 오십니다. 모두의 눈과 마음을 돌려 재판과 채찍질을 당하시고 가시면류관을 쓰시며 십자가를 지신 그분을 바라보기 원하십니다. 그 이상으로 예수님은 당시처럼 오늘날도 제자를 찾고 계십니다. 머리 되신 예수님이 천국으로 가신 뒤, 그분의 지체로서 하나님을 따르며 주의 형상을 발해 줄 제자들을 갈망하십니다. 제자란 시련과 영적 싸움에서 "예, 아버지"로 순종하며, 비난과 고소를 당할 때 잠잠하고 모욕을 기꺼이 참아내며 십자가의 무거운 짐을 겸손히 지고 가는 자를 의미합니다.

예수님의 이름을 고백하는 모든 이에게 주님은 이렇게 묻고 계십니다.

"고난의 길을 간 나를 따르려는가? 너의 십자가를 지고 나의 형상을 발하며, 내가 사람들에게 가르쳤던 사랑의 길, 가난과 실망의 길, 낮아짐과 멸시의 길, 영혼과 육체에 상처받는 길을 다른 이들이 알게 하겠는가?"

세상은 분명한 징표를 구하고 있습니다. 너무 많은 말에 싫증이 났기에, 더 이상 설교 듣기를 원치 않습니다. 세상은 고난 속에서도 사랑으로 승리하는 어린 양의 모습, 예수님의 형상을 보기 원합니다. 십자가와 고난 중에 있는 자가 고통을 가한 사람을 자비로운 눈으로 바라보고, 모든 것을 견디고 참아내며, 믿음과 소망을 잃지 않는 사랑과 겸손을 지닌 사람을 보기 원합니다.

모욕과 비방, 핍박을 당하면서도 따지며 싸우지 않고, 대항하지 않으며, 오직 참아 대적을 축복하고, 자비로운 말로 대적의 머리에 숯불을 쌓는 사람을 만날 때 세상이 귀기울이지 않겠습니까? 이 사랑의 물결이 증오로 물든 세상으로 보이지 않게 흘러들어 가며, 사랑의 힘이 번져나가

악을 저지합니다. 예수님의 십자가 길에서 보듯이, 오직 사랑만이 증오보다 강합니다. 세상은 참고 견디는 사랑, 살아 있는 참된 사랑을 바라고 있습니다. 천국에서도, 주의 지체 가운데 예수 그리스도의 영이 살아 그 생명이 넘쳐 나기를 고대하고 있습니다.

하나님의 모든 뜻을 따르고, 자신을 주께 맡겨 그 권능의 손아래 겸손히 낮추며, 주님의 인도하심을 따르는 자를 만날 때, 세상은 귀를 기울일 것입니다. 그때 세상은 붙잡혀 묶여서 재판을 받기 위해 끌려가신 예수님을 보게 될 것입니다. 질병, 어려운 가족관계, 버림받음 등 여러 역경의 십자가를 지면서도 위로받는 사람을 발견할 때, 세상은 귀를 기울일 것입니다.

십자가가 무거워 땅에 숙이면서도 거역하지 않고, 자신이 십자가를 받아 마땅한 죄인임을 고백합니다. 이들에게 능력과 고귀함이 있고, 살아 있는 생명샘이 흘러나옵니다. 그들에게서 예수님의 형상이 드러나며, 세상은 그분을 믿게 됩니다. 세상만이 아닙니다. 예수님 자신이 그것을 원하십니다. 주의 눈이 온 땅을 감찰하시며, 주의 성품을 지니고 그분의 길을 따르는 자를 찾고 계십니다. 그들만이 예수님을 도와 하나님 나라를 이룰 수 있기 때문입니다. 그분의 나라는 일과 행함으로 임하는 것이 아닙니다.

일 역시 꼭 필요하긴 합니다. 하지만 예수님 자신이 고난과 피 흘리심으로 그분의 나라를 이루셨듯이 그분의 나라는 예수님과 함께 기꺼이 고난의 길을 가며 한 알의 밀알처럼 땅에 떨어져 죽는 사람들로 건설됩니다.

예수님 고난의 길 앞에서 "누가 주님의 참 제자인가?"라는 질문을 받게 됩니다. 참제자는 자기의 십자가를 지고 주님을 따르는 자들입니다. 예수님을 따르는 고난의 길에서 참 제자와 그렇지 않은 자들이 분리됩니다. 십자가를 지고 매 맞음과 모욕, 굴욕과 고소, 거짓 증거를 기꺼이 감당하려는 자가 예수님을 사랑하며, 십자가를 지고 따르라는 부르심을 진정으로 받아들였음을 증거합니다.

십자가의 길을 따르는 제자가 그렇게 적은 것을 하나님이 보실 때, 얼마나 탄식하실까요! 주님이 고난을 받으셨던 각 처소에서 새롭게 만나 주실 때, 우리는 다만 회개의 눈물을 흘리며 경배하는 것으로 끝나서는 안 됩니다. 회개하며 경배하는 것에 그치지 않고, 그분의 고난이 우리를 사로잡아 사랑과 감사로 주의 길을 따르며, 그 고난의 일부를 함께 나누도록 해야 할 것입니다. 실제의 삶에서 보이는 것이 어떤 말보다도 큰 능력을 지닙니다. 말하는 것은 쉽고 가벼운 것이나, 사랑으로 희생과 고난을 감당하는 행위에는 능력이 있습니다.

하나님이 우리를 낮추시고 고난의 길로 인도하실 때, 사랑과 겸손으로 인내하며 견디는 사람이 위대한 말씀의 은사를 지닌 설교자이면서 실제의 삶에서 예수님의 제자가 아닌 사람보다 훨씬 더 하나님의 나라에 큰 기여를 합니다. 날마다 죽는 길을 갈 때 가장 큰 능력을 갖게 되며, 실제로 생명만이 생명을 불러일으키기 때문입니다. 이것은 바로 예수님이 말씀하신 길, 즉 한 알의 밀알이 땅에 떨어져 죽어 많은 열매를 맺는 길입니다.

예수님을 따르는 고난의 길에서 우리는 질문을 받게 됩니다.

"예수님의 길의 징표를 우리 일상생활에서 지니는가? 하나님의 형상을 따라 창조된 우리에게서, 하나님이 원하는 그 아들의 성품을 찾으실 수 있는가? 우리가 주님과 동행함으로써 그분을 닮아가고 있는가?"

예수님을 따르는 고난의 길은 십자가를 지고 갈 자를 부르시는 것입니다. 그들 가운데 더 이상 싸움과 분열이 없으며, 하나님의 참 교회를 이루어 갑니다. 그들은 판단하거나 소리치지 않고 참아 내며 사랑하는 어린 양의 성품을 지닙니다. 서로 사랑하고 사랑으로 하나가 됨을 보여줄 때, 그들은 비록 서로 잘 알지 못하고 서로 다른 교파에 속해 있더라도 하나가 됩니다. 그들은 처음 만났을 때부터 서로를 알아보게 되는데, 그 까닭은 그들이 십자가를 지고 가는 같은 표적을 지니고 있기 때문입니다. 하나님의 어린 양인 예수님을 향한 동일한 사랑은 그들을 예수님 주위로 아주 가까이 모이게 합니다.

이 책은 예수님의 고난을 기도하며 묵상함으로써 항상 새롭게 회개와 영적 각성을 얻기 원하는 사람들을 위해 쓰여졌습니다. 예수님의 고난을 기도로 묵상하면, 고난당하신 주께 사랑과 감사를 드리고, 주의 십자가의 길을 따르며, 그분의 백성들과 사랑으로 더욱 더 연합하게 될 것입니다.

나의 주 예수님,

제가 당신의 고난의 길을 그저 구경하거나 마지못해 따르는 자가 되지 않게 하소서. 십자가를 지고 따라가며, 머리 되신 주님의 참된 지체로서 우리 주 예수님이 어떠한 분이신지 보여 주는 자가 되게 하소서.

저를 주께 드리오니, 제 안에 어린 양의 모습을 새기시고, 주의 형상을 지니게 하소서. 사람들이 제게 악을 행하고 아픔을 주어도 기꺼이 참으며, 부당한 비난과 책망을 당할지라도 잠잠하고, 나를 미워하고 핍박하며 저주하는 자를 축복하게 하소서. 멸시와 조롱을 받을 때 겸손히 엎드리며, 주의 도구인 사람들과 주님의 손에서 오는 십자가를 겸손히 지고 가게 하소서.

"그런즉 이제는 내가 산 것이 아니요, 오직 내 안에 그리스도께서 사신 것이라"는 주의 말씀을 이루심을 감사드립니다. 하나님의 어린 양, 그 본성은 오래 참음과 사랑이었습니다. 이제 제가 주의 고난을 묵상할 때, 겸손과 사랑의 주님 성품을 제 안에 새기시고, 주께로 향한 온전한 사랑을 허락하소서. 제 죄로 인해 받으신 고통과 고난에 감사드리며, 부족하나마 보답을 드리게 하소서.

1. 겟세마네

Mein Jesus,
hier will ich mich zu Dir knien
auf diesen Felsen
Deiner Todesangst und Qual.
Aus Liebe will beharren ich bei Dir

"예수께서 나가사 습관을 따라 감람산에 가시매 제자들도 따라갔더니 그 곳에 이르러 그들에게 이르시되 유혹에 빠지지 않게 기도하라 하시고 그들을 떠나 돌 던질 만큼 가서 무릎을 꿇고 기도하여 이르시되 아버지여 만일 아버지의 뜻이거든 이 잔을 내게서 옮기시옵소서 그러나 내 원대로 마옵시고 아버지의 원대로 되기를 원하나이다 하시니 천사가 하늘로부터 예수께 나타나 힘을 더하더라. 예수께서 힘쓰고 애써 더욱 간절히 기도하시니 땀이 땅에 떨어지는 핏방울 같이 되더라 기도 후에 일어나 제자들에게 가서 슬픔으로 인하여 잠든 것을 보시고 이르시되 어찌하여 자느냐 시험에 들지 않게 일어나 기도하라 하시니라"(눅 22:39-46)

겟세마네

간구와 전율 그 고뇌,
그의 탄식을 듣는가?
하나님의 아들이 고뇌하며 떨고 있는데,
위로할 자 아무도 없이
그만 홀로 버려져 있네!

겟세마네

그의 탄식을 듣는가?
제자에게 가시는 그분을 보는가?
그 분의 고뇌를 알리며
도움과 위로 얻고자 하시나,
그러나 그들은 잠들어 있네!

겟세마네

그의 고난을 보는가?
죽음의 권세가 그분을 짓누르고
엄청난 힘으로 그분께 고통을 가하는 것을?
그의 영혼만이 흑암의 밤 속에서
하나님과 사람에게서 버려져 있네!

순종

성경읽기 : 마태복음 26:36-41

"그가 아들이시면서도 받으신 고난으로 순종함을 배워서 온전하게 되셨은즉 자기에게 순종하는 모든 자에게 영원한 구원의 근원이 되시고" (히 5:8-9)

겟세마네에서의 그날 밤, 흑암과 공포가 예수님을 에워쌌고 그분은 광란하는 지옥에 의해 거의 죽음에 이를 것 같았습니다. 이 시험과 유혹의 시간에 예수님께서는 그분을 삼키려고 위협하는 지옥의 공포 속에서 견딜 수 있는 도움을 얼마나 간절하게 구하셨을까요? 그러나 의지할 것이 하나도 없었습니다. 그분의 제자들은 이미 아무 힘도 되지 못했습니다. 그러나 하나님께서는 이러한 시련의 밤에 확실히 이길 수 있는 다른 길을 보여 주셨는데 바로 완전한 순종이었습니다. 하나님 아버지의 뜻에 대한 순종은 예수님이 공포의 시간을 이겨 낼 때 의지할 수 있는 지팡이가 되어 주었고, 그분 홀로 지옥과 맞서야 했던 치열한 싸움에서 승리를 얻게 하였습니다.

모든 시험의 때에 예수님은 그분의 자녀들에게 이 확실한 길을 주셨습니다. 어둠 속에서도 항상 바른 길을 발견하며 시험의 때에 승리할 수 있는 힘은 바로 순종입니다. 하나님의 말씀과 계명과 특정한 시기에 말씀을 통해 개인적으로 받게 되는 권고와 부르심과 약속과 명령에 대한 순종입니다. 좌로나 우로나 치우치지 아니하고, 하나님께서 자신에게 주시고 부르신 길로 한 걸음 한 걸음씩 나아가는 사람을 마귀는 결코 당해 내지 못합니다. 사람이 성숙해 가고 예수님의 제자로서의 사역과 삶의 의미가 점점 더 커지면, 내면적으로 점점 더욱 큰 시험을 받게 됩니다. 왜냐하면 한 인간을 통하여 하나님의 나라가 크게 확장되는 것을 보면 사단이 싸움을 걸어오기 때문입니다. 하나님께서는 이를 허락하시는데, 그 이유는 그분의 제자를 순종을 통하여 보호하시고, 나중에 생명의 면류관을 주시기 위함입니다.

그렇습니다. 그들은 하나님 나라의 기둥이 될 것이며 그들의 생애에서도 능력을 배나 얻게 됩니다. 예수님은 "우리의 영원한 복락의 대장"이 되시어 이 길을 앞서 가셨습니다. 이제 그분을 따라 가면 우리의 길도 주님의 길처럼 승리로 끝맺게 될 것입니다.

> 오, 예수! 그 영혼의 고뇌
> 겟세마네에서 당신을 사로잡네.
> 당신은 모든 자를 위로하나
> 아무도 주를 위로할 자 없네.

주 예수님, 당신이 겟세마네에서 원수로부터 그토록 큰 시험을 당하셨기에, 제가 시험 당할 때 잘 이해하시니 감사합니다. 제가 시험받을 때 당신은 형제와 구원자로 함께 하시고 사단의 희생물이 되지 않도록 보호하심을 감사드립니다. 주께서 우리를 위해 겟세마네에서 싸우셨기에 사단은 아무런 권세로도, 저를 묶을 수 없습니다. 주님이 당하신 것보다 더 큰 시험은 없습니다. 당신은 겟세마네에서 모든 시험과 사단을 완전히 이기고 승리하셨습니다. 제가 시험 당할 때, 겟세마네에서의 주님 승리를 믿으며 예수님의 이름을 부르면, 대적은 달아나고 말 것입니다.

당신의 뜻은 항상 옳고 선하십니다

성경읽기 : 마가복음 14:32-46

"그는 육체에 계실 때에 자기를 죽음에서 능히 구원하실 이에게 심한 통곡과 눈물로 간구와 소원을 올렸고 그의 경건하심으로 말미암아 들으심을 얻었느니라" (히 5:7)

겟세마네 싸움에서 겪으셨던 예수님의 '두렵고 떨리는 고뇌'를 우리는 이해할 수 있습니다. 이 싸움에서 승리하는 자가 인류를 손에 넣게 되는 것이었습니다. 마치 사단과 그의 왕국이 승리하는 것처럼 보이지만 예수님에게는 대단히 강한 무기가 있었습니다. 그것은 바로 '하나님께 영광을 돌리는 것'이었습니다.

아담과 하와는 낙원에서 유혹받아 타락했고 사단과의 싸움에서 패배했습니다. 왜냐하면 그들은 자신의 영광을 추구했기 때문입니다. 뱀은 그들에게 '내가 말한 대로만 하면 너희는 하나님과 같이 될 것이다."라고 말했습니다. 그들은 하나님과 같이 되어보려는 욕망을 따라 행하였기에 시험에서 넘어지고 말았습니다.

예수님은 자신의 영광을 구하지 않고 하나님 아버지의 영광을 구한 유일한 분이셨습니다. 겸손히 하나님께 자신을 온전히 맡기고 그 분의 뜻에 순종함으로써 이를 증명하셨습니다. 순종을 통해 예수님은 "당신의 뜻은 항상 옳고 선하십니다."라고 하나님을 시인하였고, 이로써 아버지께 영광을 돌렸으며 '들으심을 얻으심'으로 승리하셨습니다.

예수님은 우리가 어떤 시험에서도 승리할 수 있는 길을 마련해 주셨습니다. 시험받을 때에 하나님의 뜻과 징계하심이 옳음을 겸손히 인정하며 "당신의 뜻과 인도하심은 옳고 선하십니다."라고 말씀드리는 자가 그분께 영광 돌리게 되며, 대적은 이러한 영혼을 감당할 수 없습니다.

주 예수님,

저는 대적의 소리에 더 이상 귀 기울이지 않고 선한 목자 되신 당신의 음성에 귀 기울이겠습니다. 오직 당신은 저를 사랑하시기에 겟세마네에서 사망 권세에 당신을 내어 주셨습니다. 주님은 지금까지 저를 인도해 오신 것처럼 앞으로도 늘 올바른 길로 인도하실 것입니다. 비록 그것이 고통과 시련을 의미한다 해도 주는 사랑이시기 때문에, 선한 목자로서 저를 결코 당신께서 멈추게 하시고 돌이키게 하실 것을 믿습니다. 주님께서 저를 사단의 손아귀에 버려 두지 않으실 것은 당신께서 겟세마네에서 사단과 싸우실 만큼 제가 주께 소중하고 가치가 있기 때문입니다.

시험과 싸움 중에도 영원한 사랑이신 주님의 손아래에 거함을 감사드립니다. 아버지의 사랑을 믿으며 말씀과 인도에 순종하면서 한 걸음 한 걸음씩 하나님을 따라가겠습니다.

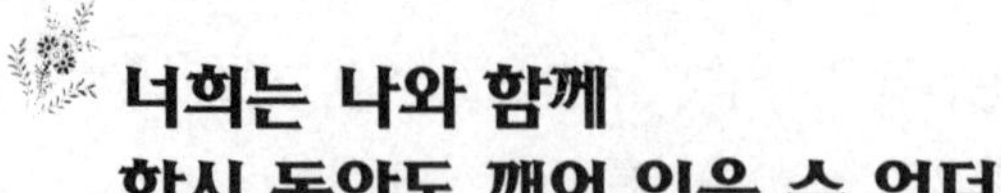

너희는 나와 함께
한시 동안도 깨어 있을 수 없더냐

성경읽기 : 누가복음 22:44-46

"비방이 나의 마음을 상하게 하여 근심이 충만하니 불쌍히
여길 자를 바라나 없고 긍휼히 여길 자를 바라나 찾지 못하였나
이다" (시 69:20)

예수님은 겟세마네에서 승리하셨습니다. 하지만 어떤
대가를 치르셨습니까? 우리가 알고 있듯이 그분은 죽음,
사단과 싸우셨습니다. 그 싸움은 생(生)과 사(死)가 걸린
것으로 예수님의 땀은 핏방울처럼 되어 땅에 떨어졌습니
다. 지옥의 영들은 그분의 피를 짜내 거의 죽음에 이르도
록 고통을 가했습니다.

그들의 횡포는 상상할 수 없이 무서운 것이었을 것입니
다. 지옥과의 싸움에서 예수님의 영혼은 참으로 고통당하

셨습니다. 시험이 육체와 영혼, 정신을 얼마나 상하게 하는지 우리는 잘 알고 있습니다.

여기서 예수님은 지옥의 한 영이 아니라 총동원된 군대와 싸우셨습니다. 지옥 전체가 총공격을 가해 와 빛의 나라의 주님과 싸웠습니다. 그러나 주님께서는 아무런 도움도 군사도 없이 완전히 홀로 계셨습니다. 수천 수백만의 천군 천사가 이 싸움에서 주님을 도우러 올 수도 있었을 것입니다. 그러나 오직 한 천사만이 그분께 나타나 힘을 도왔습니다.

몰려드는 지옥의 권세 아래서 얼마나 예수님이 고통 당하셨겠습니까! 그렇지 않았다면 예수님께서 세 번씩이나 자고 있는 제자들을 깨우러 오시지 않으셨을 것입니다. 지옥이 예수님과 그분의 일을 멸하려고 광분하는 동안, 잠들어 있는 제자들에 대해 예수님은 슬퍼하셨습니다. 지옥의 권세로부터 얼마나 큰 고통을 당하셨기에 보잘 것 없는 죄인들에게 도움을 구하시며, 고난 중에 함께 깨어 있기를 겸손히 청하셨을까요?

무서운 고통과 시험의 시간에 제자들에게 하신 부탁이 받아들이지 않았던 것은 오늘날의 제자인 우리에게도 영원한 책임으로 남아 있습니다. 우리는 예수님을 가장 무서운 고난 가운데 홀로 버려 두었고 지금 이 순간에도 역시 그렇게 합니다. 대제사장이신 그분이 인간의 영혼을 위해 고난 받으시며, 지옥의 손아귀에서 그들을 건져 내기 위하여 간구하고 씨름하시면서 우리가 당신 곁에 함께 있기를 요청하실 때, 우리는 예전처럼 그렇게 행합니다.

그 누구보다도 더 사랑하셨던 주님이 그 고통의 시간에 사람들과 계십니다(히 7:25). 주님 사역을 위한 동역자와 함께 고난을 받고 희생할 자를 찾고 계십니다. 하지만 누가 그분의 간청을 듣고 있습니까?

오늘도 겟세마네의 탄식이
온 누리에 울리건만 누가 이를 듣는가?
누가 하나님의 탄식을 듣는가?
모두들 주님의 빛을 쬐기 위해
오늘도, 예수님 당신께로 나아옵니다.
아무도 당신의 짐을 지려 하지 않으며,
그때와 지금, 주의 제자들 가운데
소수만이 당신에 관해 묻습니다.

주 예수님,

그때의 제자들과 마찬가지로 당신을 홀로 남겨 두고, 깨어 기도하지 못하며 인간의 영혼을 위해 씨름하지 못한 제 자신이 부끄럽습니다. 주님이 그때처럼 오늘날도 "너희가 나와 함께 한시 동안도 깨어 있을 수 없더냐!"라고 탄식하셔야 하다니 가슴이 아픕니다. 당신께로 나아가 기도하라는 하나님의 작은 음성과 충고들을 자주 흘려들었습니다. 왜냐하면 제가 계획했던 것과 일들이 주님보다 더 중요해 보였거나 또는 당신과 함께 있어 달라는 간청보다는 잠자는 데 바빴기 때문입니다.

저의 일과 잠을 주님보다 중히 여기며 관심과 사랑이 부족하여 하나님을 기다리게 한 것을 용서해 주십시오. 오늘 저의 헌신을 받으소서. 그리고 언제든지 성령의 권고를 듣고 아버지께 나아가 기도하게 하소서! 저의 첫 시간과 가장 귀한 시간을, 항상 기도로 주 예수님께 드리겠습니다.

나의 원대로 마옵시고
아버지의 원대로 하옵소서

성경읽기 : 누가복음 22:41-46

"그러나 나는 말하기를 내가 헛되이 수고하였으며 무익하게 공연히 내 힘을 다하였다 하였도다 참으로 나에 대한 판단이 여호와께 있고 나의 보응이 나의 하나님께 있느니라" (사 49:4)

사단은 고발하는 자입니다. 겟세마네의 싸움에서 사단은 어떻게 예수님을 괴롭혔을까요? 분명히 가장 심한 참소 거리를 가지고 예수님께 다가갔을 것입니다. 우리는 이것이 얼마나 예수님께 고통스러웠을지 짐작할 수 있습니다. 이제 구원 사역을 위하여 골고다로 향하시는 예수님 앞에서 사단은 예수님의 구원 사역이 전적으로 헛된 것이라고, 왜냐하면 인간은 결코 변하지 않을 것이라고 고소하였을 것입니다.

　사단은 예수님 앞에서 그분의 이름을 고백하고, 당신이 구원하신 백성이 구원받지 못한 자들처럼 각기 제 길로 갈 것이라고 고소했을 것입니다. 구원받은 예수님의 백성이 믿지 않는 자들과 마찬가지로 사랑이 없으며, 화목하지 않고 판단하며 진실하지 못하며 교만하다고 비난하였을 것입니다. 그는 예수님께서 제자들과의 마지막 만찬에서 말씀하신 것들, 즉 서로 사랑함으로써 세상이 예수님의 참된 제자를 알아보리라고 하셨던 것을 상기시키며 조롱하였을 것입니다.

　그리고 분열이야말로 바로 당신의 백성의 특징이 될 것이라고 조롱하였을 것입니다. 아마도 사단은 예수님의 교회가 여러 교파와 교단으로 분열된 것을 그림처럼 그려 보였을지도 모르며 "헛되다, 헛된 길이다. 너는 어떠한 영혼도 결코 구원할 수 없을 것이다."라고 빈정거렸을 것입니다. 예수님의 영혼은 대적의 비난과 고소 소리에 고통당하시며 상처 입으셨고, 그래서 마침내 "내 아버지여, 만일 할 만하시거든 이 잔을 내게서 지나가게 하옵소서."라고 소리치셨습니다.

　우리는 예수님의 영혼이 수많은 사단의 고소로 얼마나 고통 당하셨는지 상상조차도 할 수도 없습니다. 사단은 다만 서로 사랑하지 않고 하나 되지 못하는 우리의 허물만 예수님께 돌릴 뿐만 아니라, 거짓말쟁이인 사단은 아담과 하와 앞에서 하나님께 모든 탓을 돌렸듯이, 피조물의 모든 사악함을 주님의 탓으로 돌려 결국 그분의 창조에 대해 고발하였기 때문입니다. 알버트 뒤러의 그림에서처럼 예수님은 땅에 엎드려, 이미 영혼 안에서 세상의 모든 죄를 짊어지지 않으셨을까요? "헛된 일이다."라고 계속 외쳐대는 사단의 조롱과 고소에 둘러싸인 예수님께 끝까지 지탱할 힘이 된 것은 무엇일까요? 그것은 바로 하나님의 뜻에 대한 순종이었습니다. 예수님은 거듭해서 말씀하셨습니다.

"나의 원대로 마옵시고 아버지의 원대로 하옵소서."

아버지의 뜻을 더 이상 이해할 수 없고 그분의 길과 계획이 허사처럼 보일지라도 하나님 아버지의 뜻에 맡겼습니다. 그리하여 예수님은 겟세마네 고난의 시험에서 승리하셨고 우리에게 승리하는 길을 보여 주셨습니다. 비록 희생하는 길이 '헛된' 것처럼 보이고 거짓된 참소가 우리를 괴롭힐지라도, 우리의 뜻과 의견을 겸손하게 아버지의 뜻과 원하심 아래 내려놓도록 길을 보여 주셨습니다.

예수님은 우리의 봉사와 희생이 어떠한 의미를 지니는지 알 필요가 없음을 보여 주십니다. 겟세마네 싸움에서 반대의 것을 보여 주셨습니다. 어떤 희생과 봉사의 열매가 크면 클수록 그 길은 의미 없는 것처럼 보이며, 대적은 더욱 그것에 대해 참소할 것입니다. 우리가 대적의 소리에 귀 기울이지 않고, 순종으로 끝까지 그 길을 간다면 놀라운 풍성한 열매를 맺게 될 것입니다.

"예, 아버지!"
오직 한 마디

성경읽기 : 마태복음 26:42-46

"예수께서 이르시되 나의 양식은 나를 보내신 이의 뜻을 행하며 그의 일을 온전히 이루는 것이니라"(요 4:34)

예수님께서 겟세마네에서 "예, 아버지!"라고 말씀하신 것은 바로 십자가로 가시는 길의 시작이었습니다. 즉 겟세마네에서의 "예!"는 바로 십자가의 길을 내딛는 첫걸음이었습니다. 예수님의 결정은 이미 겟세마네에서 이루어집니다.

우리의 경우에도 바로 시험의 시간에 이미 주사위가 던져집니다. 이것은 보통 그 이후라고 생각하지만, 실제로는 바로 시험의 순간이 그 이후를 결정하게 됩니다. 시험에서 이긴다면 예수님께서 하신 것처럼 형제를 위하여 우리의 생명을 내어 주고, 영원한 열매를 얻을 수 있는 놀라운 능력을 지닌 사역의 초석에 놓이게 됩니다. 시험을 이김으로써 솟아나게 될 샘의 원천은 시험의 때에 감추어져 있습니다. 따라서 성경에 "내 형제들아 너희가 여러 가지 시험을 당하거든 온전히 기쁘게 여기라"(약 1:2)라고 기록되어 있습니다. 예수님은 우리가 시험을 이기는 길을 보여 주셨습니다. 그분이 고난 가운데서 하신 말씀은 바로 "예, 아버지!" 한 마디였습니다.

우리가 고난에 대하여 하나님께 항상 "예!"라고 말씀드린다면, 원수는 우리에게서 달아날 것입니다. 어떤 사람의 뜻에 "예!"라고 동의하면 그 사람과 하나가 되는 것처럼, 하나님께 "예!"라고 말씀드릴 때 주님과 하나가 되고, 그 연합 속에서 강해집니다.

사랑으로 자신의 의지를 내어 드림으로써 우리가 하나님과 하나가 되면, 이 연합을 두려워하는 사단은 더 이상 아무것도 할 수 없게 됩니다. 고통스런 시험 가운데서 눌리고 괴로워도, 하나님께 "당신의 원대로 무엇이나 언제까지든 제게 행하옵소서."라고 말하는 사람 앞에서 사단은 달아나고 맙니다. 우리가 하나님의 뜻을 따르고 완전히 맡기는 것을 사단이 보면, 공격이 실패하였다는 것을 알고 풀어 줍니다.

주 예수님,

하나님께서 인도하시는 모든 길에서 당신의 의지를 완전히 드렸듯이, 제게도 이를 허락하소서! 제 마음이 슬퍼지고 십자가를 거절하려 할 때마다, 저도 오늘 당신과 하나가 되어 "예, 아버지!"라고 말씀드리기 원합니다.

하나님 아버지의 사랑이 주를 끝까지 인도해 내사, 모든 원수를 이기고 아버지의 우편에 앉히셨듯이, 저의 아버지도 되시는 하나님께서 바르게 인도해 주실 것입니다. 그분의 뜻은 선하게 끝맺을 것이며 저를 놀랍게 인도해 주시고, 시련과 고난을 영광으로 변화시켜 주실 것입니다.

나의 주 예수님,

주와 함께 저도 아버지 사랑을 믿습니다. "예!"로 완전한 신뢰를 드립니다. 당신의 뜻대로 제게 행하시옵소서. 주님의 뜻은 가장 선하십니다!

나의 주 예수님,

당신이 아버지께 헌신하고 주신 잔을 마신 것처럼 오늘 믿음으로 행하고자 합니다. 주님은 저를 떠나시지도, 홀로 버려 두지도 않으시고 저를 도와줄 천사를 보내 주실 것을 믿습니다.

사랑의 아버지가 침묵하시네

성경읽기 : 누가복음 22:39-43

"하나님이 세상을 이처럼 사랑하사 독생자를 주셨으니" (요 3:16)

빛이요, 이 우주 만물의 영원한 태양이시며, 영원한 생명이신 예수 그리스도께서 어떠한 상황에 처하셨습니까? 바로 지옥의 군대, 사망의 권세에게 잡히셨습니다. 그분은 빛과 생명의 주님이 아니라 모든 능력을 상실하신 채, 마치 삼손이 초자연적인 능력을 잃은 것처럼 우리를 위하여 이를 포기하신 채 잡히셨습니다. 어떻게 그러한 상태로 지옥과의 싸움을 하셨을까요? 어떻게 아버지께서는 이를 허락하셨을까요? 왜 아들에게 모든 능력과 영광을 포기하게 하고 지옥과의 싸움터로 보내셨을까요?

하늘의 천군 천사도 모두 애통해 했을 것입니다. 그들의 주님이시오 창조주이신 분이 모든 신성한 능력을 빼앗긴 채, 가련하고 연약한 모습으로 겟세마네에서 지옥의 영들과의 싸움에서 희생하셨습니다. 아버지의 사랑이 그토록 엄할 수 있다니! 그분은 아들이 전율하고 고뇌하는 것을 보셨습니다. 그분은 하늘과 땅을 명하여 아들을 도우실 수도, 해와 달이 어둠을 밝혀 천군 천사의 군대로 아들을 보호하게 하실 수도 있었을 것입니다. 아버지의 마음은 함께 고통받아 거의 찢어지는 듯하셨을 것입니다. 그러나 하나님은 돕지 않으셨습니다. 왜냐하면 아버지와 아들과 성령이 사랑으로 우리를 위하여 이 길을 선택하셨기 때문입니다. 바로 십자가와 고난이었습니다.

그러나 이들은 아버지께 부르짖었습니다.

"내 아버지여, 만일 할 만하시거든 이 잔을 내게서 지나가게 하소서."

엄청난 고통으로 아버지의 가슴이 찢기셨을 것입니다. 아들이 도움을 부르짖는데 아버지 중의 아버지시오, 자녀를 항상 도우시는 사랑이신 분이 대답하시지 않았습니다. 두 번째로 부르짖음이 아버지의 가슴에 닿았습니다. "내 아버지여!"라고 아들은 죽음의 고통 속에서, 땀이 핏방울이 되어 죽음과 싸우며 부르짖었습니다. 그러나 죽음의 손을 제지하고 악마의 세력으로부터 아들을 구하기 위해서 하나님은 손을 내밀 수 없었습니다. 아버지는 다만 아들의 힘을 돕기 위한 한 천사를 보내셨 습니다.

우리는 누구의 고통이 더 컸는지 알지 못합니다. 죽음의 고통 가운데서 아버지께 부르짖었던 아들의 고통과, 죽음의 손 안에 있는 아들을 돕지 못하고 바라만 보셔야 했던 아버지의 고통 중 어느 고통이 더 컸을까요? 아들이 고난을 받아야 할 것을 스스로 선택하셨고 우리를 구원하시기 위하여, 아버지와 아들이 이 고통스런 고난의 길을 스스로 가신 것입니다. 예, 하나님 아버지께서 저희를 그토록 사랑하시어, 그 독생자를 희생하셨습니다. 우리를 위하여 겟세마네의 죽음의 밤을 치르신 것이었습니다.

아버지, 아들을 지켜보시네.
가장 높은 보좌에 함께 하던 아들이
지옥의 무리에 에워싸인 것을.

간구의 음성이 아버지의 마음에 사무치네.
고통의 절정에서 부르짖는 그 음성,
"나의 아버지여, 이 잔을 지나가게 하소서.

그러나 당신의 뜻대로 하옵소서!"

사랑의 아버지가 침묵하시네.
길 잃은 죄인들에게 그 마음 기울이신 채,
아들은 자기의 수난의 길에
홀로 버려져 있네.

어떤 사람이 우리를 위하여 감수하는 고난의 정도에 따라, 우리에 대한 그 사람의 사랑이 얼마나 큰 지를 측정할 수 있습니다. 엄청난 고통 속에서 핏방울 같은 땀을 흘리고 있는 예수님을 바라보고만 계셔야 했던 하나님 아버지의 고통은 이루 헤아릴 수 없는 것이었습니다. 겟세마네에서 지옥의 광분으로부터 고통받아 하나님께 구원을 청하셨던 예수님의 고통도 도무지 측량할 수 없는 것이었습니다. 하나님의 그 고통만큼이나 우리에 대한 그분의 사랑은 강하고 무한한 것입니다. 우리를 시험과 고통, 지옥으로부터 구하기 위하여 홀로 겟세마네의 지옥의 골짜기를 지나셨습니다.

2. 잡히심

"유다가 군대와 대제사장들이 바리새인들에게서 얻은 아랫사람들을 데리고 등과 횃불과 무기를 가지고 그리로 오는지라 예수께서 그 당할 일을 다 아시고 나아가 이르시되 너희가 누구를 찾느냐 대답하되 나사렛 예수라 하거늘 이르시되 내가 그니라 하시니라 그를 파는 유다도 그들과 함께 섰더라 예수께서 그들에게 내가 그니라 하실 때에 그들이 물러가서 땅에 엎드러지는지라 이에 다시 누구를 찾느냐고 물으신대 그들이 말하되 나사렛 예수라 하거늘 예수께서 대답하시되 너희에게 내가 그니라 하였으니 나를 찾거든 이 사람들이 가는 것은 용납하라 하시니 이는 아버지께서 내게 주신 자 중에서 하나도 잃지 아니하였사옵나이다 하신 말씀을 응하게 하려 함이러라 이에 시몬 베드로가 칼을 가졌는데 그것을 빼어 대제사장의 종을 쳐서 오른편 귀를 베어버리니 그 종의 이름은 말고라 예수께서 베드로더러 이르시되 칼을 칼집에 꽂으라 아버지께서 주신 잔을 내가 마시지 아니하겠느냐 하시니라 이에 군대와 천부장과 유대인의 아랫사람들이 예수를 잡아 결박하여" (요 18:3-12)

한 분이 우리를 앞서 가시네.
매인 우리를 자유롭게 하시려고
모든 길을 열어 주시네.
하나님 아버지를 사랑하기에
자신의 뜻을 그분께
겸손히 내려놓네.

어린 양처럼 묶여 가시네.
자신의 목숨을 주시려고
십자가에 달리기까지.
보라, 묶이신 주님을!
그분처럼 묶여
함께 동행할 자를 기다리시네.

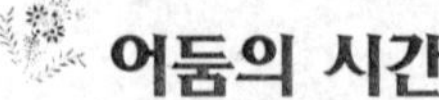

어둠의 시간

성경읽기 : 누가복음 22:47 -53

"그러나 이제는 너희 때요 어두움의 권세로다" (눅 22:53)

예수님께서 붙잡히시던 그 시간, 갑자기 사람들의 얼굴에서 가면이 떨어져 나가고 모습이 돌변합니다. 마치 연극의 절정에 달한 것처럼, 사람들은 자신의 참 모습을 드러내었습니다. 예수님께서 잡히시던 그 시간에 거짓된 가면들은 모두 벗겨지고, 관계자들의 죄인 사악함과 곤고함을 드러냈습니다.

제자 하나는 배반자로, 다른 제자들은 도망자들로 드러났는데, 어찌 그럴 수가 있을까요? 하나님의 말씀은 "이제는 너희의 때요, 어두움의 권세로다."라고 답을 주십니다. 우리 모두의 생에는 '우리의 때'라고 할 수 있는 어떤 특별한 시기가 있습니다. 바로 그때에 생애의 대단히 중요한 문제들, 우리 가운데 이미 오랫동안 있었던 것들이 드러납니다. 성경에서도 이러한 특정의 시간이 대단히 중요하다는 것을 보여 줍니다. 이것은 외적 · 내적으로 우리에게 임하는 특별한 시험의 시간입니다. 이러한 때에 인간의 마음에서 흘러 나올 수 있는 것은 경악할 만합니다. 왜냐하면 예수님께서 경고하신 것을 미리 듣지 않았기 때문입니다. 회개하기를 게을리한 죄들이 결국은 강하게 복수를 합니다.

아마 당시의 사람들 중에는, 자신이 특별한 곤경에 있을 때 예수님께서 도와주시지 않았다는 원망의 쓴 뿌리를 품고 있었을지도 모릅니다. 장로들과 바리새인들은 예수님께서 자신들을 '독사의 자식', ' 회칠한 무덤'이라고 부르신 것을 용납할 수가 없었습니다. 우리 중에 어느 누가 책망과 비난을 들을 때 마음속에 조금의 분노나 원망, 미움을 품지 않고 완전히 받아들이며 자신을 굽힐 수 있을까요?

우리에게도 '어두움의 때'는 옵니다. 하나님께서 인간을 심판하시고 겸손하게 만들기 위해 사용하시는 사람들의 비난과 책망들에 대하여 그때그때에 "예!"라고 완전히 받아들이지 않는다면, 우리의 마음속에 미움과 원망이 쌓이게 됩니다. 그러면 결정적인 순간에 그 전의 심판에서도 죽지 않으려고 하던 우리 안의 맹수가 예수님께 반항하고 대적하게 될 것입니다.

이것 때문에 예수님은 고난의 길을 가셔야 했고 빛이신 그분께서 어둠에 자신을 내어 줌으로, 우리가 과연 어떠한 자들인지 보여 주셨습니다. 하나님께서는 우리에게 그러한 시간을 허락하사 우리가 베드로처럼 죄를 깨닫고 회개의 눈물을 흘리게 하십니다. 그래서 죄악에 대하여 눈물 흘리는 것을 배우게 되고, 죄악을 용서받고 깨끗함을 얻게 됩니다. 그러면 나중에 베드로가 그러했던 것처럼, 우리도 그러한 시련의 때에 이길 수 있도록 강건해집니다.

주 예수님,

죄수처럼 두 손이 묶여 서 계신 당신의 모습을 자주 바라보게 하소서. 예수님 모습을 바라보는 가운데 주님의 형상을 닮아가게 하소서. 당신을 닮아 가게 하는 능력이 고난당하는 주님의 모습에 있음을 믿습니다. 주님께 가해진 어떠한 일에도, 원수로부터 온 것조차도, 자신을 내어 놓으신 채 그들을 선히 대하며 말고의 귀를 치유하셨습니다. 예수님의 고난과 대속의 죽

음을 통해, 자신이 원하지 않는 길로 이끄는 상대에게
나, 악의로 저를 대하는 자에게 대항하는 것으로부터
저를 구원하신 것을 믿습니다. 예, 주님은 모든 것을
참아 내고 견뎌 내는 사랑, 원수에게조차 축복으로 대
하는 사랑을 위해 저희를 구원하셨습니다.

오, 결박당한 어린 양
천국에 오르시기까지
하나님과 하나로 묶이셨네!
주님께 묶여 가는
영혼들을 천국 문으로
인도하시네.

하나님의 아들을 찬양하라.
하늘 보좌에서 내려와
그토록 단단히 묶이시다니!
모든 고난의 결박을 찬양하라.
우리를 자유롭게 할
하나님께 묶인 사랑의 결박을.

때가 찼고 하나님의 나라가 가까이 왔으니

성경읽기 : 마태복음 26:55-57

"때가 찼고 하나님의 나라가 가까이 왔으니" (막 1:15)

예수님은 하나님의 나라를 세우기 위하여 오셨습니다. 따라서 그 분이 다니시는 곳마다, "천국이 가까웠느니라."라고 전파하셨습니다. 백성들이 종려주일에 "호산나 찬송하리로다. 주의 이름으로 오시는 이여 찬송하리로다. 오는 우리 조상 다윗의 나라여 가장 높은 곳에서 호산나"(막 11:9-10)라고 환호하였을 때 그분의 나라가 시작된 것 같이 보였습니다. 예수님이 오신 이유와 거의 모든 비유와 말씀에서 언급하신 것처럼 그분의 제자들까지도 이렇게 생각하였음을 그들의 대화를 통해 알 수 있습니다. 하나님의 나라, 사랑의 나라, 낙원이 세워지는 것을 하나님 아버지,

아들, 성령께서 갈망하셨습니다. 예수님께서는 그분의 나라가 오는 것을 방해하는 바리새인들에 대항해 싸워야 하지 않았을까요?

예, 예수님은 그분의 나라를 임하게 하기 위하여 싸우셨습니다. 하지만 그 방법은 사람들이 생각했던 것과는 전혀 다른 것이었습니다. 그분은 묶였고 잡혀서 끌려가는, 어리석고 무의미해 보이는 길을 가셨습니다. 아버지의 나라를 세우는 것을 포기하고 대적에게 길을 열어 주고 자신을 대적의 권세 아래 내어 주셨습니다. 누가 죄수를 한 나라의 주로 인정할까요? 예수님은 하나님의 나라가 임하고 세워지리라는 소식을 거의 믿기 어렵게 하셨고, 그분의 왕 되신 이름은 조롱거리가 되었습니다. 그분이 붙잡히시던 순간, 그의 나라는 무너져 내렸고 며칠 전 그분을 왕으로 환호하며 찬송하던 많은 무리들은 마치 없었던 것처럼 사라졌습니다. 예수님의 눈앞에는, 그분의 마음속에 간직되었던 보화, 임하실 하나님의 나라가 묻힌 무덤처럼 펼쳐졌습니다.

그분의 백성들이 면류관을 드렸어야 했을 왕 자신이 곧 무덤에 묻히게 됩니다. 하나님의 나라, 사랑의 나라는 다만 이 길을 통해서 열린다는 영원한 표징을 보여 주셨습니다. 결박과 조롱, 멸시와 죽음의 길을 통해 인도됩니다.

이는 암흑 가운데 죽는 땅에 떨어져 썩는 밀알이지만 나중에 천 배나 열매를 맺는 바로 그 길입니다. 하나님의 나라를 함께 세우려는 자에게는 이 길 외의 다른 길이 없습니다.

나의 주 예수님,

쇠사슬로 결박당하신 당신, 고난당하시는 모습 속에서도 고귀함과 아름다움을 발하시는 주님을 경배합니다. 묶이신 주님, 당신의 발 아래 노예처럼 착고에 매인 세상이 엎드립니다. 구원 받은 주님 종들의 무리가 환호하며 구원과 해방의 기쁨의 노래를 부릅니다.

그렇습니다. 묶이신 사랑, 매이셨던 우리 구세주가 죄와 사망의 법에서 우리를 자유롭게 하셨습니다.

당신의 포로, 사랑의 포로

성경읽기 : 요한복음 18:6-12

"위로부터 오시는 이는 만물 위에 계시고 땅에서 난 이는 땅에 속하여 땅에 속한 것을 말하느니라 하늘로부터 오시는 이는 만물 위에 계시나니" (요 3:31)

예수님은 붙잡히실 때 왕처럼 보이셨습니다. 왜냐하면 고난을 기꺼이 받아들이셨기 때문입니다. 고난에 대하여 "예!"하는 사람은 왕과 같은 기품을 지닙니다. 그렇지 않으면, 예수님께서 고난 당하실 때의 제자들처럼 비참해집니다. 그들은 비겁하게도 모두 달아났고 베드로는 어린 여종 앞에서 수치를 당했습니다.

예수님과 제자들의 차이가 고난 앞에서처럼 크게 드러난 적이 없었습니다. 예전에는 예수님과 제자들은 비슷해 보였습니다. 예수님께서 행하신 큰일들을 그들도 행할 수 있지만 단 한 가지 차이라면 죽은 자를 살리는 권능이었습니다. 고난의 길을 가는 순간, 예수님과 제자들이 서로 다른 두 세계에 속해 있다는 것이 드러났습니다. 예수님은 위로부터 오셨고 그들은 땅으로부터 났으며, 그들은 고난 받을 수가 없었고 예수님은 받으실 수 있었습니다. 이 때문에 하속들이 그분을 잡으러 왔을 때, 왕처럼 위엄 있게 앞으로 나아가 "이 사람들의 가는 것을 용납하라 아버지께서 주신 잔을 내가 마시지 아니하겠느냐."고 말씀하시며 왕의 참된 모습을 보이셨습니다.

예수님께 대한 사랑과 헌신으로 그들의 고난을 지는 자들은 참된 왕다운 고귀함과 위엄을 지닙니다. "와서 나를 따르라."는 예수님의 부르심을 듣는 자들이 그분의 제자입니다. 그리고 이로써 그들은 고난을 딛고 능히 승리하게 됩니다.

영원에서 나온 한 부르심
온 세상으로 널리 퍼지네.
누가 예수님의 이 음성 듣는가?
그때도 오늘도 탄식하시네.

우리가 그분과 함께 묶여
고난의 길 가지 않기에
마음 아파하시네.

주 예수 그리스도여,

완전한 순종과 남김 없는 의지의 헌신으로 당신의
손을 아버지께 하나로 묶이셨습니다. 고난과 고통의
길을 가신 당신 앞에 부끄러움으로 고개 숙입니다. 죄
인인 저는 얼마나 자주 당신이 사랑으로 인도하시려는
곳에 저를 맡기지 아니하며, 그 길이 제게 힘들어 보
일 때 당신의 손과 묶이도록 저의 손을 드리지 않았습
니다. 그러나 이제 주 예수님께 말씀드립니다. 여기 제
두 손이 있습니다. 저의 길을 예비하신 아버지의 사랑
을 믿고 신뢰하겠습니다. 당신이 원하시는 대로, 원하
시는 곳으로 인도하소서. 하나님과 함께 가며 당신의
포로, 사랑의 포로가 되겠습니다.

사랑이 없으면 함께 고난받지 못함

성경읽기 : 마가복음 14:43-46, 50

"그리스도 예수의 좋은 병사로 나와 함께 고난을 받으라"
(딤후 2:3)

예수님께서 붙잡혀 묶이신 채 갑자기 치욕과 비참한 상황 속에 홀로 버려지신 것을 상상할 수 있겠습니까? 버림받고 배반당하셨습니다. 그것도 삼 년 동안 함께 지냈던 열두 제자 중의 하나에게서 배반당하셨습니다. 배반당할 때, 주님을 위하여 충성하며 주님의 고통을 위로했어야 할 열한 명으로부터 버림받았습니다. 겟세마네에서 지옥의 권세에 고통당하시며, 외쳐 부른 하나님 아버지로부터도 버림받으신 것처럼 보였습니다.

예수님께서 고통스럽게 제자들에게 하신 말씀이 우리

의 마음에 와 닿습니다. "나를 혼자 둘 때가 오나니." 잡히셨을 때는 실로 "그들 모두 주님을 버리고 갔나니." 당시에 그리고 오늘도 역시 그러합니다.

오늘날 그분과 함께 심판받는 길에 완전히 순복하는 자, 예수님과 함께 죽기 위하여 골고다로 가는 자가 어디에 있습니까? 많은 사람들이 '자신을 위한' 예수님을 알기 원하지만, 사도 바울이 계속 쓰고 있는 것처럼, '예수님과 함께' 결박당하고 환난, 죽음과 무덤의 길로 인도되는 것에 대해서는 알고자 하지 않습니다. 우리는 그때의 제자들과 마찬가지로 예수님을 홀로 버려둡니다.

그분과 함께 고난의 길을 가는 제자가 거의 없다는 것을 예수님은 아파하셨습니다. 예수님과 함께 가난과 모욕, 낮아짐과 영육간 고난의 길을 가기 위해, 아버지의 뜻에 자신의 뜻을 드리는 제자들은 거의 없습니다. 예수님은 우리 앞에 묶인 채로 간청하고 계십니다. 우리가 다음과 같이 말씀드리길 기대하십니다.

당신과 함께 묶이며,
당신과 함께 고난의 길,
당신과 함께 어둠의 길 가겠습니다.

당신과 함께 고통과 환난의 길을,
마침내 죽음에 이르기까지,
살든지 죽든지 주와 연합하겠습니다.

주 예수님, 당신을 경배합니다.

당신은 인간의 창조주이시면서도 인간의 손과 밧줄에 자신을 맡기셨고, 이로써 주의 뜻을 그들에게 복종시키셨습니다. 우리를 위하여 그렇게 행하신 하나님께 감사드립니다. 저마다 자기 고집대로 행하는 것에서 구원하셨으니, 우리 위에 있는 까다로운 상관에게도 공손히 나를 굽힌 채, 그들을 통해 행하시는 당신의 뜻에 순종하며 저의 의지를 주의 권능의 손아래 내려놓습니다.

주 예수님, 당신을 경배합니다.

우주의 주인이신 당신이 죄인인 당신의 피조물들에게 끌려 가고 재판 받으셨습니다. 저희를 구원하기 위해 고난당하신 주께 감사드리며, 저의 손을 하나님께 드리며 이렇게 말씀드립니다.

"당신이 가시는 곳은 어디든지 저도 함께 가겠습니

다.”

이렇게 나는 당신의 십자가 길을 따라가겠습니다. 주님과 깊이 내적으로 연합하여 일생을 걸어 가겠습니다.

저희를 위해, 아버지의 손을 떠나 인간의 손에 자신을 맡기신 주님의 사랑을 경배합니다. 이로써 예수님과 아버지의 손에 우리를 맡기는 것을 배우게 하셨습니다.

사랑은 고난과 인내, 침묵 속에서 모든 것을 이기는 능력

성경읽기 : 마태복음 26:50-56

"그리스도가 이런 고난을 받고 자기의 영광에 들어가야 할 것이 아니냐" (눅 24:26)

예수님은 붙잡히심을 우리에게 보여 주셨습니다. 예수님께서 무력함에 자신을 내어 주셨을 때, 가장 큰 권능을 얻게 되신 것입니다. 두 손이 묶여서 아무것도 하실 수 없었으나 십자가에서 못 박힌 손으로 우리의 구원이라는 가장 큰 일을 이루셨습니다. 그러나 그분께서 잡히셨을 때, 제자들은 예수님께서 겟세마네로 가시면서 이미 말씀하셨던 것처럼 모두 달아났습니다. 왜 그랬을까요? 예수님은 그들이 생각했던 것처럼 능력과 영광의 모습이 아니라, 무력하고 연약한 모습을 보이셨기 때문입니다.

　　우리도 자주 이런 경험들을 합니다. 우리는 질병, 경제적 어려움, 가족관계, 직업의 어려움, 영적인 싸움과 시험 속에서 권능을 베풀어 주시길 예수님께 간구합니다. 그러나 예수님은 두 손이 묶여 계신 것처럼 무력해 보일 때가 있습니다. 우리가 “주 예수님, 당신의 권능을 보여 주시옵소서.”라고 부르짖어도 그분은 침묵을 지키십니다. 마치 잡히셨을 때 땅이 갈라져서 그 하속들을 삼키라고 명령하시지 않으신 것처럼 그렇게 침묵하십니다.

　　그러나 실제로 예수님 고난의 시간이야말로 가장 큰 권능의 시간이었습니다. 전 세계의 구원을 위한 능력이 담겨 있습니다. 왜냐 하면 사랑은 고난과 인내와 침묵 속에서 모든 것을 이기는 능력을 지니기 때문입니다. 하지만 이 능력은 그분의 때가 되어야 드러나게 됩니다.

　　예수님은 묶이신 채 무력하게 우리를 도울 수 없어 보이는 그때에 우리에게 간청하고 계십니다.

　　“나를 떠나 길 잃고 해매지 말고 너희의 믿음과 충성을 지금 나에게 보여다오. 너희가 나를 이해할 수 없고 또 내가 너희들을 즉각 돕지 않는다 해도 믿음을 지켜다오. 바로 이때 내가 도움과 해결을 위한 큰일을 할 것을 믿고 기다리라.”

　　무능함에서 권능이, 어두움에서 빛이, 패배와 파멸처

럼 보이는 것에서 부활과 영광의 승리가 솟아나옵니다. 누가 이것을 믿습니까? 묶이신 예수님을 누가 믿습니까? 예수님은 아버지의 권능이 감추어져도 그분께 실망하지 않고 아버지의 때에 권능을 더욱 놀랍게 드러내실 것을 신뢰하는 영혼들은 찾고 계십니다. 예수님은 고난을 통하여 영광이 패배처럼 보이나, 승리하신 것을 확신하고 고난과 인내의 길을 가는 영혼들을 고대하고 계십니다. 그분이 붙잡히셔서 잠잠히 인내하며 가신 어린 양의 길은 왕이 가신 길입니다. 왜냐하면 왕 중 왕이 걸어가신 길이기 때문입니다. 오늘도 예수님과 함께 이 길을 가는 사람들은 패배 속에서도 승리할 것입니다. 그들은 이 땅에서도 권능을 얻으며 하늘나라에서는 보좌를 차지할 것입니다.

주 예수님,

죄인들을 위하여 쇠사슬과 줄에 묶이신 당신을 경배합니다. 우리는 사나운 말처럼 이리 뛰고 저리 뛰며 자기의 뜻대로 행하려고 하기 때문에 고요한 가운데의 강건함을 얻지 못합니다. 주님께서 고난의 길에서 잠잠하심으로 저희에게 영원한 본을 보이신 것을 경배합니다. 어린 양의 길은 승리의 길이며, 사랑으로 가는

고난의 길은 권능의 길이며 많은 사람에게 구원을 주는
길입니다.

죄 없이 묶이셨으니 이제는
주님 사랑에 매인 많은 영혼들 보시리.
주님께 온전히 헌신한
자신의 뜻을 완전히 주님께 드리는
많은 영혼들을 보시리.
그리하여 그들이 어린아이처럼
주님의 뜻과 원함을 따르게 하소서.

삼위일체

성경읽기 : 마태복음 26:47, 50-54

"하나님이그에게 일러주신 곳에 이른지라 이에 아브라함이 그 곳에 제단을 쌓고 나무를 벌여 놓고 그 아들 이삭을 결박하여 제단나무 위에 놓고 손을 내밀어 칼을 잡고 그 아들을 잡으려 하니" (창 22:9-10)

아들의 희생이 하나님 아버지께 무엇을 의미하는지 세상은 알 수가 없습니다. 결코 어떤 인간도 알 수 없습니다. 보좌에 앉아 계신 아들이 그 상처들을 계속 지니고 계신 것처럼, 아버지의 가슴에도 분명 불타는 영원한 상처를 남겼을 것입니다. 아브라함은 아들을 위안했을 깊은 부성애의 눈길과 사랑하는 손으로 자신의 아들 이삭을 묶었습니다. 그러나 하나님은 이것마저 포기하시고, 그분의 영과

뜻의 지배를 받는 사람을 통해서도 아니고, 희생물에 달려드는 사냥개처럼 덤벼드는 대적의 손으로 묶게 허락하셨습니다. 그때 아버지의 마음은 어두웠을 것입니다. 왜냐하면 아버지와 아들은 하나이시며 아들이 어둠의 세력에 에워싸여 결박당해 끌려 갔기 때문입니다.

이 모두를 보시며 사랑의 연합 안에서 함께 고난을 받으셨습니다. 어느 누가 성부, 성자, 성령, 삼위일체 하나님처럼 하나일 수 있겠습니까? 한 생각, 한 뜻, 한 사랑, 한 고난이었습니다. 누가 이것을 이해할 수 있습니까? 하나님이 서로 나뉘어 아들이 지옥의 권세에 넘겨져 희생되셨습니다. 그럼에도 하나님은 그 어느 때보다 하나가 되셨습니다. 사랑으로 우리 인간을 위하여 고난과 분리의 길을 가고자 하신 사랑 안에서 하나가 되셨습니다.

이토록 강한 연합인 고난 중의 연합이 어찌 승리하지 않겠습니까? 예, 그 자신이 묶임으로 다른 이들을 자유롭게 하며, 스스로는 나누이나 그 자녀들을 하나님과의 연합으로 인도하는 이 패배 속에서 승리하십니다. 고난 당하시고 묶이신 하나님의 사랑은 문을 열고, 사슬을 깨뜨리며 죽음에 매인 자녀들을 사랑과 자유의 나라로 인도해 낼 능력이 있습니다 .

예, 대적이 잡히신 예수님께로부터 아무리 해도 빼앗

아 갈 수 없는 자유가 있습니다. 이것은 바로 그분이 피조물들에 대한 사랑으로 기꺼이 고난 당하시려는 사랑의 자유입니다. 그래서 예수님께서 잡히셨던 그 순간 하늘에서는 고난 받으시는 사랑에 대한 놀라운 찬양이 울려 퍼졌을 것입니다. 이것이 바로 고난의 길을 가며 사랑의 왕국을 건설하는 참된 자유의 나라를 이루는 사랑입니다. 이 나라에 살고 이곳의 통치를 받는 영혼들은, 예수님께 대한 사랑으로 큰 고난의 길을 기꺼이 이겨 나온 주님의 참된 제자들입니다.

다른 이를 자유롭게 하신 예수님,
우리를 위해 자신은 묶이시고
흑암의 밤으로 이끌려 가시네.
오, 티끌 가운데 이 사랑의 능력 경배하라.
죄인에게 천국으로 향한 문 여시려고
기꺼이 가신 이 사랑을.

사슬에 묶인 사랑, '권세 잃은' 왕, 묶이신 나의 구세주, 당신을 경배합니다. 하늘의 영원하신 전능자,

온 세상의 통치자이신 당신이 도살장으로 끌려 가는 어린 양처럼 묶여서 그토록 가련하고 무력해지시다니! 그럼에도 당신은 승리자와 주님이셨습니다. 당신의 자유를 희생하여 죄악의 노예인 우리를 영원히 자유롭게 하도록, 사단의 종노릇에서 구원하여 주신 영원하신 왕, 당신을 찬양합니다. 주님은 우리를 하나님의 자녀가 되게 하시고, 아버지의 집에서 하나님 아버지의 자녀로 기꺼이 순종하는 사랑을 허락하셨습니다.

오, 묶이신 사랑! 당신께 우리가 사랑으로 묶이도록 주님은 눈에 보이는 표적과 행함을 포기하시고 당신의 손을 묶도록 내어 주셨습니다. 그 사랑, 당신을 영원히 경배합니다.

3. 법정에서

　"그들이 예수를 끌고 대제사장에게로 가니 대제사장들과 장로들과 서기관들이 다 모이더라. 베드로가 예수를 멀찍이 따라 대제사장의 집 뜰 안까지 들어가서 아랫사람들과 함께 앉아 불을 쬐더라. 대제사장들과 온 공회가 예수를 죽이려고 그를 칠 증거를 찾되 얻지 못하니 이는 예수를 쳐서 거짓 증거 하는 자가 많으나 그 증거가 서로 일치하지 못함이라. 어떤 사람들이 일어나 예수를 쳐서 거짓 증거하여 이르되 우리가 그의 말을 들으니 손으로 지은 이 성전을 내가 헐고 손으로 짓지 아니한 다른 성전을 사흘에 지으리라 하더라 하되 그 증언도 서로 일치하지 않더라. 대제사장이 가운데 일어서서 예수에게 물어 이르되 너는 아무 대답도 없느냐 이 사람들이 너를 치는 증거가 어떠하냐 하되 침묵하고 아무 대답도 아니하시거늘 대제사장이 다시 물어 이르되 네가 찬송 받을 이의 아들 그리스도냐 예수께서 이르시되 내가 그니라 인자가 권능자의 우편에 앉은 것과 하늘 구름을 타고 오는 것을 너희가 보리라 하시니 대제사장이 자기 옷을 찢으며 이르되 우리가 어찌 더 증인을 요구하리오 그 신성 모독 하는 말을 너희가 들었도다 너희는 어떻게 생각하느냐 하니 그들이 다 예수를 사형에 해당한 자로 정죄하고 어떤 사람은 그에게 침을 뱉으며 그의 얼굴을 가리고 주먹으로 치며 이르되 선지자 노릇을 하라 하고 하인들은 손바닥으로 치더라.

새벽에 대제사장들이 즉시 장로들과 서기관들 곧 온 공회로 더불어 의논하고 예수를 결박하여 끌고 가서 빌라도에게 넘겨 주니 빌라도가 묻되 네가 유대인의 왕이냐 예수께서 대답하여 이르시되 네 말이 옳도다 하시매 대제사장들이 여러 가지로 고발하는지라. 빌라도가 또 물어 이르되 아무 대답도 없느냐 그들이 얼마나 많은 것으로 너를 고발하는가 보라 하되 예수께서 다시 아무 말씀으로도 대답하지 아니하시니 빌라도가 놀랍게 여기더라. 명절이 되면 백성들의 요구하는 대로 죄수 하나를 놓아 주는 전례가 있더니 민란을 꾸미고 그 민란 중에 살인하고 체포된 자 중에 바라바라 하는 자가 있는지라. 무리가 나아가서 전례대로 하여 주기를 요구한대 빌라도가 대답하여 이르되 너희는 내가 유대인의 왕을 너희에게 놓아 주기를 원하느냐 하니 이는 그가 대제사장들이 시기로 예수를 넘겨 준 줄 앎이러라. 그러나 대제사장들이 무리를 충동하여 도리어 바라바를 놓아 달라 하게 하니 빌라도가 또 대답하여 이르되 그러면 너희가 유대인의 왕이라 하는 이를 내가 어떻게 하랴. 그들이 다시 소리 지르되 그를 십자가에 못 박게 하소서 빌라도가 이르되 어찜이냐 무슨 악한 일을 하였느냐 하니 더욱 소리 지르되 십자가에 못 박게 하소서 하는지라. 빌라도가 무리에게 만족을 주고자 하여 바라바는 놓아 주고 예수는 채찍질하고 십자가에 못박히게 넘겨주니라." (막 14:53-65, 15:1 -15)

예수 그리스도, 만유의 주께서
인간의 법정 앞에 서시다니,
태양과 별, 전 하늘이
그 얼굴을 가리네.
오, 너 교만하고 악한 세상이여
재를 쓰고 엎드리라.
가장 고귀한 하나님이
법정에 서신 그 자리에

재판장 앞에 서신 예수 그리스도!
오, 땅과 하늘이여 잠잠하라.
우리 죄로 인해 고소받으셨다니!
허물된 세상이여, 겸손히 엎드리라.
죄 없는 분을 죄인들이
자신의 죄과로 인해 고소하다니,
주님의 자애로운 사랑의 눈길
잠잠히 아무 말이 없어라.

어찌하여 나를 믿지 아니하느냐

성경읽기 : 마가복음 14:60-65

"내가 진리를 말하므로 너희가 나를 믿지 아니하는도다 너희 중에 누가 나를 죄로 책잡겠느냐 내가 진리를 말하는데도 어찌하여 나를 믿지 아니하느냐"(요 8:45-46)

예수님에 대한 재판은 마치 드라마처럼 전개됩니다. 가야바는 소리 지르고 제정신이 아닌 것 같았습니다. 자신의 양심과 불확실함을 열심으로 포장하였습니다. 예수님께 대한 고소는 표면상 근거 있는 안식일 율법을 지키지 않았고 바리새인들을 '독사의 자식'이라고 불러 명예 훼손을 한 것입니다. 그분은 세리와 죄인들과 많은 교제를 하셨고, 남자는 다른 여인들과 얘기해서는 안 된다는 풍습을 무시하고 여인들이 함께 다니면서 그분을 돌보는 것을 허락하셨습니다. 하지만 사실 바리새인들은 그들에게 놓여진 하나님의 심판을 받아들이려고 하지 않았기에 그토록 분개한 것입니다.

그들은 백성들 앞에서 공격을 하고 모욕을 준 예수님을 용서할 수 없었습니다. 그러나 그들은 "당신은 우리를 모욕했고 명예 훼손하였으며"라고 말하지 않았습니다. 그들은 위선자였고 증오를 예수님의 가르침에 대한 비난 속에 감추었습니다. 그들의 마음이 옳지 못함을 알지 못하고, 자기 자신에 대해서는 장님이었습니다. 우리가 남을 판단할 때도 이런 영적 소경 상태나 특히 경건해 보이는 위선에 빠질 위험이 있습니다.

예수님의 참된 제자로서 행하려는 그리스도인이나 단체들에 대하여 다른 그리스도인들이 "광신적이다."라는 말로 판단을 하는 것도 대부분 이러한 이유에서 나오는 것입니다. 이러한 비난에는 순수한 교리상의 문제보다는 대부분 다른 동기가 숨어 있습니다. 다른 사람들이 영적인 삶과 사역에서 성공을 거두는 것을 볼 때, 자신의 미지근함과 낮아짐을 당한다는 것이 바로 거부하는 판단 뒤에 숨어 있기 때문입니다.

그래서 우리는 다른 사람을 판단하게 될 때, 우리 마음의 순수하지 못한 동기를 보아야 합니다. 다른 사람들을 몇 배나 더 심하게 판단하기 때문에 우리 자신에 대하여, 우리의 죄악에 대하여 우리의 눈을 떠야 합니다. 그렇지 않으면 그 당시의 경건하다는 자들이 예수님을 법정으로 끌고 갔듯이, 우리도 이웃을 판단함으로 그들 안에서 만나 주시는 예수님께 똑같은 일을 행하게 됩니다.

이 세상에서 심판받지 않을 자,
언젠가는 심판대 앞에 서리라.
우리의 모든 죄악이
하늘나라 빛 가운데서 드러날 것이기에
이곳에서 심판을 피해 간 자에게도
영원한 심판이 오리니.
우리가 이곳에서 헤아리고 판단하는,
그대로 우리가 영원히 심판과 형벌을 받게 되리라.

위선자들의 심판

성경읽기 : 마태복음 27:15-23

"내 혼이 사자들 가운데에서 살며 내가 불사르는 자들 중에 누웠으니 곧 사람의 아들들 중에라 그들의 이는 창과 화살이요 그들의 혀는 날카로운 칼 같도다." (시 57:4)

예수님께서 헤롯에게 끌려가 재판받으신 것은 이해의 여지가 있습니다. 헤롯은 이미 지옥의 권세 아래 잡혀서 살고 있었던 자였습니다. 그런데도 그는 예수님을 무죄라고 판결하였습니다. 또한 예수님께서 빌라도 앞에 서셔야 했던 것도 이해할 수 있습니다. 빌라도는 우상을 섬기던 이방인으로 참된 하나님이 살아 계신 것을 알지 못했습니다. 그러나 감히 그는 예수님에게 유죄 선고를 내릴 수가 없었습니다. 그 자신이 불안하기도 했고 또한 그의 부인이

"저 옳은 사람에게 아무 상관도 하지 마옵소서."라고 사람을 보내어 말했기에 처음부터 그는 예수님께 사형 언도를 내릴 용기가 없었습니다.

그런데 도대체 누가 예수님과 그분 안에 계신 하나님을 감히 심판하였습니까? 바로 경건한 종교 지도자들이었다는 것은 놀랄 만한 일입니다. 안나스와 가야바였습니다. 그들은 확신에 찬 소리로 분노하였습니다. 마침내 가야바는 자신의 옷을 찢으며 예수님을 죽이라고 선고하였습니다.

여기서 그는 예수님의 심판자로서 스스로 완전히 의롭다고 느끼고 있는 것이 드러나고 있지 않습니까? 몸서리칠 만한 확신 가운데서 예수님을 심판하고 있습니다. 인간이 하나님께 대하여 그것도 죽음의 선고까지 내릴 수 있는 그러한 확신이 어디서부터 왔을까요? 자만하고 외람된 마음이 한계를 모를 때 바로 이러한 결과를 가져옵니다. 이런 마음은 그때나 오늘이나 무신론자나 하나님으로부터 떨어져 있는 자, 믿지 않는 자들보다는 바로 믿는 자들 가운데 더욱 많이 있음을 보게 됩니다. 그래서 우리는 조심스럽게 두려운 마음으로 하나님께 부르짖어야 합니다.

"제가 당신의 일을 위하여 힘쓰는 사람들을 판단함으로 오늘 당신을 또 다시 심판하지 않도록 이 큰 허물로부터 저를 지켜 주시옵소서. ”

　　주 예수님,
　　제가 당신의 말씀을 진지하게 받아들이지 않은 것을 용서하소서. 당신께서는 "먼저 네 눈 속에서 들보를 빼어라. 그 후에야 밝히 보고 형제의 눈 속에서 티를 빼리라."고 분명히 말씀하셨습니다. 그런데 저는 저의 더 큰 죄악들을 하나님과 사람들 앞에서 용서를 빌지 아니하고 먼저 다른 사람을 판단하고 비판하여 상처를 안겨 주었습니다. 이런 위선자인 저를 용서하여 주소서. 저는 당신을 따르는 제자라고 생각했지만 사단의 추종자로 위선자요, 참소자였습니다. 당신을 슬프게 해 드린 저를 용서하옵소서. 주여, 저의 판단하는 영에 대한 당신의 구원과 승리를 믿사오니 이 죄인에게 은총을 베풀어 주옵소서.

모든 고소를 견디시고 잠잠하신 어린 양 

성경읽기 : 마가복음 14:53-59

"그가 곤욕을 당하여 괴로울 때에도 그 입을 열지 아니하였음이여 마치 도수창으로 끌려 가는 어린 양과 털 깎는 자 앞에 잠잠한 양 같이 그 입을 열지 아니하였도다."(사 53:7)

예수님께서 죽음으로 향하셨을 때 판단하는 말과 생각들이 화살처럼 사방에서 날아와 그분께 꽂혔습니다. 주님께서는 인간이 받았어야 할 그 피고석의 자리로부터 우리를 영원히 구해 주시기 위하여 그곳에 서셨습니다. 이 땅에서 판단한 자들은 지옥에서 얼마나 무서운 일을 받을까요? 왜냐하면 판단한 대로 판단 받을 것이기에 사람들의 고소와 지옥의 영들의 고소가 우리에게 쏟아질 것입니다. 우리가 사람들에게 하였던 수많은 판단의 말과 같은 고소들 앞에서 밤낮으로 쉼을 얻지 못할 것입니다. 우리 자신이 고발자의 나라에 속해 있기 때문입니다.

예수님께서는 참소자의 손과 지옥으로부터 구하시기 위하여 우리의 판단하는 죄악의 값을 치르기 위해 이 무서운 길을 가셔야 했고 유죄 판결을 받으셔야 했습니다. 네 명의 공식적인 재판관으로부터만이 아니라 그분을 둘러싸고 있던 무리들의 판단과 정죄까지 받으셔야 했습니다.

왜냐하면 우리의 판단은 끝이 없기 때문입니다. 우리가 스스로 판단하는 죄악이 바로 예수님께로 쏟아졌습니다. 왜냐하면 이렇게 많은 고소를 기꺼이 참고 잠잠히 그 자신을 숙일 자가 아무도 없기 때문입니다. 아무도 이러한 판결을 받아들이지 않고, 아주 작은 사소한 책망도 거부하기 때문에 예수님께서는 우리를 위하여 이 고소들을 받으셨습니다. 가끔 침묵한다 할지라도 생각으로는 벌써 판단하고 비판하게 됩니다.

그러나 전 우주에서 오직 한 분만이 자신에게 날아오는 비판의 화살을 받고 생각으로도 거부하지 않습니다. 주님은 우리 모두를 위해 그 고소를 받아들이셨고 이로써 판단하는 것을 끝낼 수 있게 하셨습니다. 누가 이러한 무서운 죄악으로부터 해방되기 위하여 예수님의 구원을 간구합니까? 구원 받았음에도 불구하고 경솔하게 판단하는 죄를 자꾸 짖는 자에게는 화가 있다고 성경에서 분명히 말씀하고 계십니다.

"비판을 받지 아니하려거든 비판하지 말라." (마 7:1)

"긍휼을 행하 지 아니하는 자에게는 긍휼 없는 심판이 있으리라." (약 2:13)

비판을 받지 아니하려거든 비판하지 말라

성경읽기 : 누가복음 22:66-71

"내가 아무도 못한 일을 그들 중에서 하지 아니하였더라면 그들에게 죄가 없었으려니와 지금은 그들이 나와 내 아버지를 보았고 또 미워하였도다. 그러나 이는 그들의 율법에 기록된 바 그들이 이유 없이 나를 미워하였다 한 말을 응하게 하려 함이라."(요 15:24-25)

우리는 예수님께서 고난의 길을 가시면서 각 처소에서 받으셨던 고난들, 재판 받으심, 가시관을 쓰심, 그 외 다른 고난들이 주님의 시대에 이미 끝났다고 생각합니다. 예수님께서 이 지상에서 가셨던 고난의 길은 확실히 한 번이었습니다. 그러나 그때의 피조물들이 거부와 증오, 배반과 부인, 모욕과 그 외의 악함으로 그분께 고통을 드렸듯이 오늘날도 역시 영적으로는 마찬가지입니다.

예수님은 어제나 오늘이나 동일하십니다. 인간이 그분의 사랑을 받아들이지 않고 하나님께 대항할 때 온전한 사랑이신 예수님의 가슴은 오늘도 똑같이 고난을 당하십니다. 그때 하나님의 피조물인 인간들이 예수님을 피고석에 세우고 온갖 비난과 판결을 내렸듯이 오늘날도 역시 마찬가지로 행합니다. 날마다 비난과 고소하는 음성들이 그분의 가슴을 찌르고 있습니다. 그들은 전쟁에 대하여, 그들에게 주어진 징계에 대하여, 그리고 자신과 상관없는 일에 대하여, 심지어는 날씨가 나쁜 것에 대해서까지 하나님을 원망합니다. 그렇습니다. 많은 민족이 거의 전부가 그분을 거절하고, 하나님에 대한 증오의 물결이 예수님의 가슴을 찌르고 있습니다.

인간을 그토록 사랑하시기에 자신의 생명까지 주셨던 바로 예수님만큼 이 세상에서 미움받고 비난받고 고소당하는 사람은 아무도 없습니다. 우리를 판단하는 죄로부터 구하시기 위해 하나님의 외아들이 재판받는 그 고난의 길을 가신 뒤인 오늘날, 인간의 입과 마음에서 흘러나오는 주님께 대한 고소가 그분의 마음을 더욱 상하게 하지 않겠습니까?

아버지께서 인도하시는 길에 대하여, 그분이 우리에게 주신 것들에 대하여 하나님께 원망하고 비난하는 것은 몇 배나 더 죄가 되고 허물이 되지는 않을까요?

주여, 당신께서 죄인들에게서 고소당하시고 죽음의 판결을 받으시다니요, 우리가 행한 일로 두려워 떨게 하소서.

오 성령님, 우리가 판단할 때 그때나 오늘이나 예수님의 마음을 얼마나 아프시게 하는지 깨닫게 하소서. 비록 그들이 나에게 부당하게 행하였다 해도 저를 겸손하게 만들기 위해 당신께서 그들을 도구로 사용하셨기 때문입니다. 당신께서 당신의 자녀들이 쏘는 판단의 화살로 고통을 겪으시지 않을 수 있도록 저로 무슨 일이나 하게 하소서. 제가 당신의 마음에 사랑의 향유를 부어 드릴 수 있게 하소서. 그리고 오늘 저를 아프게 한 자에게 가서 당신께 대한 사랑으로 사랑의 인사와 행동을 행할 수 있게 하소서.

비난을 받을 때 저 자신보다 더 훌륭한 변호사는 없습니다. 우리가 판단을 받을 때에는 교만이 드러나게 됩니다. 우리 주 예수님께서 재판을 받으실 때 그분의 깊은 마음속에 있는 것이 드러났는데 그것은 온전한 겸손이었습니다. 예수님은 모든 심판과 고소를 통과하신 분이십니다.

그래서 "나는 마음이 온유하고 겸손하니"라고 하는 예수님의 말씀의 진실을 입증하셨습니다.

그런데 우리는 비난과 고소를 받을 때 어떤 마음이 되며 어떻게 행동하고 있습니까? 오 인간들이여, 네 자신을 비판하라. 그리하면 하나님의 은혜의 길이 열리리라.

주 예수님, 바로 제가 섰어야 했을 그 피고석에 서신 주님 앞에 엎드립니다. 저는 아주 사소한 비난도 참아 내지 못하며 아무것도 말하지 못하게 하는 자입니다. 다른 사람들을 계속 비판하면서도 제게 대한 비판은 가장 작은 것도 견디지 못하는 끝없는 교만을 용서하여 주옵소서. 제가 비판함으로 당신의 마음을 끊임없이 고통스럽게 해 드린 것을 용서하옵소서.

하나님의 진리의 영으로 저의 죄를 깨닫게 하시고 주님과 사람들에게 죄를 자백하며 또 믿음을 허락하시는 것을 감사드립니다.

"우리가 우리 죄를 자백하면 그는 미쁘시고 의로우사 우리 죄를 사하시며 우리를 모든 불의에서 우리를 깨끗하게 하실 것이요 "(요일 1:9)

판단하는 영의 죄악도 역시 깨끗하게 하십니다.

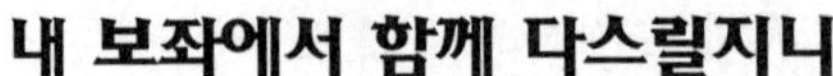

내 보좌에서 함께 다스릴지니

성경읽기 : 누가복음 23:13-19

“성도가 세상을 판단할 것을 너희가 알지 못하느냐” (고전 6:2)

예수님께서 인간의 법정에 서셨고 우리를 위하여 피고가 되셨습니다. 우리를 대신하여 심판받으신 그분을 믿을 때 우리에 대한 참소자의 고소는 그 위력을 상실하고 맙니다.

“예수님께서 나 대신 피고가 되셨으니 이제 참소자는 내게 더 이상 어떤 권리도 주장할 수 없습니다.”

우리는 기쁨으로 이렇게 외칩니다. 이 얼마나 놀라운 하나님의 선물입니까? 진실로 너무나 과분한 것입니다. 예수님의 사랑은 우리를 참소자의 참소로부터 자유롭게 할 뿐만 아니라 그분이 우리를 위하여 심판받으시고 판결 받으신 그 희생에는 더욱 놀라운 것이 포함되어 있습니다. 그것은 바로 우리 인간들이 나중에 아버지의 나라에서 보좌에 앉아 그분과 함께 이 세상을 다스리게 되는 것입니다.

그러므로 예수님께서는 모든 심판을 큰 기쁨으로 이겨 내셨고, 예수님을 향한 모든 심판의 말을 모두 기꺼이 받아들이셨습니다. 주님은 재판정의 고난 속에서고 영적으로는 무척 기뻐하셨을 것입니다.

"이제 나는 이 피고석으로부터 영혼들을 자유롭게 만들어 언젠가는 나의 보좌에 앉히고 나와 함께 다스리도록 구원할 수 있게 되었다."

예수님께서는 이 많은 재판들을 거치지 않고도 십자가에 못 박히실 수도 있었을 것입니다. 그러나 언젠가는 우리를 온 세상의 심판자로서 높이시기 위하여 가혹하고 많은 재판들을 큰 사랑으로 허용하셨습니다. 그분의 사랑은 우리를 영원히 하나님과 함께 보좌에 앉히기 원하시는 것이었습니다.

하나님의 사랑은 우리가 그분의 영광과 권능을 얻기를 바라십니다. 죄와 허물로 인하여 지옥의 형벌을 받을 수밖에 없는 우리가 말입니다. 그 어느 누가 이 놀라운 것을 이해할 수 있을까요?

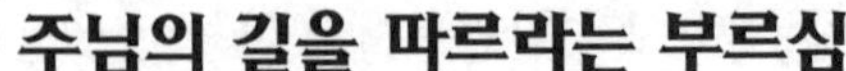

주님의 길을 따르라는 부르심

성경읽기 : 마가복음 15:2-5

"이를 위하여 너희가 부르심을 받았으니 그리스도도 너희를 위하여 고난을 받으사 너희에게 본을 끼쳐 그 자취를 따라오게 하려 하셨느니라. 그는 죄를 범하지 아니하시고 그 입에 거짓도 없으시며 욕을 당하시되 맞대어 욕하지 아니하시고 고난을 당하시되 위협하지 아니하시고 오직 공의로 심판하시는 이에게 부탁하시며"(벧전 2:21 -23)

하나님의 아들이 심판 받으셨던 그 피고석을 택하는 사람들이 어디에 있을까요? "누구든지 나를 따라 오려거든 자기 십자가를 지고 나를 좇을 것이니라"(마 16:24)라고 하신 그분의 부르심을 누가 듣고 있습니까? 죄인으로서 받아 마땅한 비판이나 판단을 기꺼이 받아들이는 겸손의 십자가를 지는 사람은 누구입니까? 우리가 이를 거부하고 있다면 그분을 따르지 않다는 것입니다. 왜냐하면 예수님을 따르는 그 길에는 분명히 굴욕과 심판받는 일이 있기 때문입니다.

이 길을 가는 사람은 오류와 탈선, 무절제로부터 보호받게 됩니다. 왜냐하면 판단이나 고난받고 있을 때는 기만에 빠지지 않기 때문이고 자신을 인식하고 또 주님을 깨닫게 되기 때문입니다. 진실로, 예수님을 자신의 심판주로 사랑하고 심판받으셨던 주님의 길을 따라가는 사람은 하늘나라로 가는 가장 확실한 길을 가고 있는 것입니다.

나의 주 예수님,

당신께서 피고석에 서신 것처럼 저도 심판하는 위치에 서지 않고 당신이 서셨던 그 피고석에 서도록 은총을 베풀어 주소서. 그리고 기도합니다. 주님, 당신께서 저를 판단하소서. 사람들이 저를 비판하고 비난한 것을, 제가 거부한 것들을 지금 성령께서 지적하여 주옵소서. 당신께서는 거룩하시며 순결하신데도 이 모든 고소와 판결을 받아들이셨습니다. 이 죄인은 더욱 받아들여야 합니다. 저를 판단하는 사람들 뒤에는 저를 심판하시는 당신께서 계시기 때문입니다.

아, 나의 주 예수님. 지금 이 시간 당신을 슬프게 한 것들을 기억하게 하옵소서. 스스로 의롭다고 여기는 것과 저의 판단하는 영으로부터 해방되고 싶습니다. 그리고 믿음으로 고백합니다. "저를 위하여, 죄 없이 판단 받으신 주님께서 저를 해방시켜 주셨습니다." 이제 나는 구원의 반석 위에 서서 당신의 구원하시는 보혈을 기도 가운데 찬양하며 보혈의 능력을 믿습니다.

주님, 저로 하여금 당신 앞에 서게 하소서.
재판관 앞에 잠잠하신 어린 양,
예수님, 당신을 바라보겠습니다.
저도 주님과 함께, 모든 고소 앞에서 잠잠하렵니다.
하나님의 뜻과 판단에 귀 기울이면서.

예수님의 겸손에 드리는 사랑의 노래

성경읽기 : 마태복음 26:62-66

"나는 마음이 온유하고 겸손하니" (마 11:29)

예수님은 거친 모욕과 비방 아래서 잠잠히 침묵하셨습니다. 섬김을 받기 위해 오신 것이 아니라 섬기러 오셨다는 말을 이용하지도 않으셨으며 당신의 겸손에 대하여 한마디 변명도 하지 않으셨습니다. 겸손은 변명하지 않습니다. 겸손은 다른 사람의 비난을 받아들이며 심판을 받아들입니다. 겸손은 주위의 비난이 계속되고 모욕이 더 심해질수록 더욱 자신을 굽힙니다. 겸손은 정죄하며 소리 지르는 목소리들이 점점 더 커지면서 커질수록 점점 더 고요해집니다.

예수님은 고요하게 침묵하십니다. 그분의 겸손은 아버

지의 뜻과 하나였습니다. 이것은 아들에게는 바로 털 깎는 자 앞에서 잠잠한 어린 양처럼 욕을 받으시되 도로 욕하지 아니하시고, 고난을 당하시되 위협하시지 않는 고난을 의미하였습니다. 겸손은 어떠한 변명도 정당성을 주장하지도 않으며 다른 사람들의 판단에 자신을 굽힙니다. 부당하게 대접받을 때에도 사랑으로 그 사람을 위해 기도하고 축복합니다. 따라서 그들은 다른 사람들에 대하여 큰 능력을 지니게 되는데 이것이 바로 사랑의 능력입니다. 이 능력은 하늘과 땅의 가장 큰 힘으로 항상 승리합니다.

　　사랑하는 주 예수님,
　　당신은 당신을 심판하는 자들 앞에서 만유의 주님이시요, 심판자이신 당신께서 어린 양처럼 욕을 받으시되 되받아치지 않으셨습니다. 이제 저를 당신께 드리오니 당신과 함께 어린 양처럼 성숙하는 것을 배우게 하소서. 공격을 당할 때에 말로 되받아치지 아니할 뿐 아니라 무엇보다 마음 중심에서 다른 사람의 비난을 마땅히 받아야 할 죄인으로서 기꺼이 자신을 굽히도록 도와주옵소서.

여기, 저의 온 생명이 있나이다.
심판의 주 되신 당신께 바치나이다.
오, 주님! 나의 하나님, 저를 판단하소서.
당신은 저의 죄와 허물을 아시나이다.

주 예수님,

당신께서 고난당하셨던 이 길, 어린 양의 길에 저를 드립니다. 주의 나라를 세워 가는데 제가 도울 수 있게 허락하소서. 당신은 당신을 거슬러 싸우고 악한 말을 하고 부당한 짓을 하였던 당신의 원수들을 심판하지 아니하시고 용서하셨습니다. 이후로는 제가 부당한 경우를 당해도 다른 악한 것들을 사랑의 눈으로 바라보겠나이다. 사랑은 허다한 죄를 덮는다고 하신 것과 선으로 악을 이긴다고 하신 그 길을 선택하겠나이다. 하나님의 구원하심을 믿고 예수님께서 재판받으신 고난에 대하여 사랑과 감사로써 드리는 저를 당신께서 은혜로 받아주시고 당신의 축복을 내려 주옵소서.

오, 재판정, 그곳에서
우리 완전히 해방되었네.
미움과 판단,
그 큰 고난으로부터
오, 구원의 장소,
너 은혜의 자리,
예수님을 통해 하나님께서 우리를 자유롭게 하신 곳,
판단으로부터 참사랑으로.

오 예수님, 당신의 사랑의 마음을 경배합니다. 죄인들 아래 자신을 낮추시고 고소를 받으심으로 밤낮으로 우리를 정죄하려는 참소자, 마귀를 잠잠하게 하셨습니다.

예수님, 당신을 경배합니다. 끝없는 인내와 지치지 않는 사랑 안에서 오늘도 모든 고소와 판단하는 죄로 인한 고난을 참으시는 당신을 경배합니다. 예수님을 경배합니다.

예수님의 고난을 통하여 우리를 판단하는 죄에서 구하여 주셨음에도 불구하고, 당신이 재판정에서 그러한 괴로운 고통을 당하지도 않으신 것처럼 뻔뻔스럽게 계속 판단하는 죄를 짓는, 우리 믿는 자들을 물리치지 않으시는 주님을 경배합니다.

하나님의 무한하신 깊은 사랑을 인하여 당신을 경배합니다. 이 사랑은 주님의 희생에 감사할 줄 모르는 자들을 위해 계속 기꺼이 고난당하시며 오늘 우리에게 말씀하십니다.

"비판하지 말라."

4. 채찍에 맞으심

"빌라도가 아무 성과도 없이 도리어 민란이 나려는
것을 보고 물을 가져다가 무리 앞에서 손을 씻으며 이
르되 이 사람의 피에 대하여 나는 무죄하니 너희가 당
하라 백성이 다 대답하여 이르되 그 피를 우리와 우리
자손에게 돌릴지어다 하거늘 이에 바라바는 그들에게
놓아 주고 예수는 채찍질하고 십자가에 못 박히게 넘겨
주니라"(마 27:24-26)

하늘이 땅 아래 깊이 드리운 채
그 얼굴을 가리네.
하늘도 애통하여
빛과 광채를 잃으니,
하나님의 아들이 벗긴 채
기둥에 묶였네.
죽음에 이르는 길에서
채찍질을 기다리시며,
고뇌와 비참으로 가득하시네.

채찍질의 경고

성경읽기 : 요한복음 18:36-19:1

"율법이 육신으로 말미암아 연약하여 할 수 없는 그것을 하나님은 하시나니 곧 죄로 말미암아 자기 아들을 죄 있는 육신의 모양으로 보내어 육신에 죄를 정하사" (롬 8:3)

"피흘림이 없은즉 사함이 없느니라." (히 9:22)

온 하늘과 천사들과 인간들에게 큰 기쁨이 되셨던 그분, 천군 천사들도 그분의 모습을 뵈올 때 경배의 환호를 올렸던 분이 우리의 죄로 인하여 경악과 혐오스런 모습이 되셔야 했습니다. "그는 멸시를 받아 사람들에게 버림받았으며"(사 53:3)라는 성경 말씀대로 멸시를 받으셨습니다. 아, 예수께서 기둥에 묶여 채찍질 당하시는 처참한 모습을 통하여, 우리의 불순하고 충동적인 죄악과 이로써 잘못 되어진 우리의 모습을 볼 수 있지 않습니까? 우리는 이에 대하여 경악하며 예수님을 통해 구원을 받기 위하여 회개와 통회에 이르러야 하지 않겠습니까?

거룩하신 하나님께서 우리의 죄를 실제로 보여 주실 뿐 아니라 스스로 죄로 여김을 받으시고, 실제로 죄인인 우리가 있어야 했던 자리에 대신하여 서셔서 그 무서운 고난을 당하시는 것에 우리가 어찌 무감각할 수 있겠습니까? 우리가 어찌 계속 같은 죄악 안에서 머물러 살 수 있을까요?

"너희가 맹인이 되었더라면 죄가 없으려니와"(요 9:41)라고 하셨던 것처럼 오늘날도 예수님은 탄식하고 계십니다. 우리는 본다는 자요, 그분의 고난당하심도 잘 알고 예수님의 제자라고 자처하면서도 돌처럼 무감각합니다. 그렇습니다. 우리는 종종 오래된 죄악들, 정욕, 방종, 육신에 매였거나 먹는 것, 안락함, 잠자는 것, 감각을 따르고, 깨끗지 못한 것들에 집착하고 그것의 지배를 받고 있습니다. 이렇게 함으로써 주님께서 받으셨던 고난을 더욱 모욕하며 당시의 이스라엘 민족보다 더 하나님의 마음을 아프게 합니다.

우리의 죄악으로 찌른 그분의 모습을 보고도, 회개하여 돌이키지 않는다면, 그리고 우리의 죄로 인해 채찍질당한 그 모습을 보고도 우리가 장자를 잃은 것처럼 통곡하지 않는다면, 그 당시의 이스라엘 백성에게 내렸던 것보다 더 큰 심판이 우리에게 임하게 될 것입니다.

성경에 "육체의 고난을 받은 자는 죄를 그쳤음이니"(벧전 4:1)라고 하신 것처럼, 깨끗해지지 않은 육신의 정욕으로부터 깨끗하게 하시기 위하여 우리 육신에 병을 주실 때, 회개는 아버지의 손 아래 우리를 겸손히 낮추십니다.

오, 인간이여!
예수님을 채찍질한
너의 큰 죄를 기억하라.
그분을 때린 자들은
그때의 형리들일 뿐, 오늘은 아니라고
너는 그렇게 생각하나,
오늘도 그분은 고통당하시네.
우리의 정욕이 그분을 내려치기에
오늘도 채찍질 당하고 계시네.

주 예수님,

제가 병들고 약해질 때 당신 앞에 겸손히 엎드립니다. 저를 모든 정결하지 못한 영육간의 욕망으로부터 해방시키시기 위해서 병을 허락하셨습니다. 그러므로 저는 주님 사랑의 징계가 필요한 죄인으로서 권능의 손 아래 저를 겸손히 낮춥니다. 주님께서 "육체의 고난을 받은 자는 죄를 그쳤음이니"(벧전 4:1)라고 약속하셨습니다.

이 징계의 길을 통해, 제게 새로운 부활의 몸을 준비시키시니 감사합니다. 주께서 채찍질 당하시고 무서운 고난과 육체의 죽임을 당하심을 통하여, 저희에게 이 부활의 몸을 주셨고 영원히 지닐 수 있게 하신 것입니다. 그러므로 저로 하여금 채찍질 당하신 구세주, 당신과 함께 하나가 되어 병과 고난을 견디게 하시고 새롭게 변화되게 하소서.

저희가 고난받고 허약하게 될 때, 그 죄악으로 말미암아 고난을 당하신 예수님의 모습을 기억하게 됩니다. 그리고 저희의 작은 고난 때문에, 이 세상의 모든 고난을 스스로 담당하신 주님의 넘치는 사랑을 깨닫고 주님께 감사드립니다.

고문 기둥에 묶인 어린 양의
애통하는 음성을 듣는구나.
거룩한 천국을 떠나
흑암과 고통에 있는
그분의 자녀를 위해,
이 땅에 오신 하나님
우리 큰 죄인을 위하여
죽기까지 피 흘리셨네.

"너희 자신을 종으로 내주어 누구에게 순종하든지 그 순종함을 받는 자의 종이 되는 줄을 너희가 알지 못하느냐 혹은 죄의 종으로 사망에 이르고 혹은 순종의 종으로 의에 이르느니라." (롬 6:16)

음식물은 하나님 아버지께서 우리에게 영양을 섭취하라고 보내 주신 것으로 선한 것입니다. 사람도 역시 우리가 서로 사랑하도록 하나님께서 주신 것입니다. 그러나 사람에게 집착하여 그들의 사랑을 갈망하는 정욕과 향락 추구와 감각의 만족을 위하여, 먹는 것과 잠자는 것을 추구한다면 그것은 악한 것입니다. 그렇습니다. 하나님께서 지으신 모든 선한 것을 육신의 욕심과 욕구에 의하여 소모하는 것과 피조물에 집착하여 우리 마음이 묶여 있는 것은 모두 악한 것에서 온 것입니다.

무엇인가를 소유해야만 하거나 그것 없이는 살 수 없다고 여기는 것이 있다면, 우리는 욕망의 노예가 되어 있는 것이며, 이 목적을 달성하기 위하여 곧 죄악의 길로 빠지게 됩니다. 그때는 우리가 비록 예수님을 믿는다고 고백할지라도, 실제는 지옥에 잡힌 자들입니다. 육신의 욕심이 기승을 부리고 충동에 시달릴 때 우리는 누가복음 16장의 자신의 미각을 만족시키며 살았던 부자처럼 지옥의 고통을 맛보게 될 것입니다. 영원의 세계에서 그 부자는 먹는 것과 마시는 것에 얽매어 있음이 드러났고 그래서 그는 혀가 타는 듯 목마름을 느끼며 영원히 고통을 당해야 했습니다. 우리는 이 부자처럼 되지 않으려면 해방되어야 합니다. 따라서 이 땅에서 우리는 피 흘리기까지 죄와 싸워야 합니다. 수많은 상처로 피 흘려 주신 예수님을 바라보아야 합니다. 우리의 정욕과 음란의 죄는 하나님 앞에서 이토록 중한 것입니다.

주 예수님,
당신이 당하신 채찍질은 바로 제가 받아야 했던 것

임을 주님은 아십니다. 저의 피 속에 흐르는 여러 가지 본능은 얼마 동안은 조용하다가도 곧 되살아나서 그 욕망이 충족되지 않으면 더 이상 살 수도 없을 것처럼, 완강하게 그 권리를 주장합니다.

나의 주 예수님,

저의 육체 속에 죄의 권세가 아무리 강하다고 하더라도, 저는 이 죄악 된 본능으로부터 해방되어야 합니다. 사단은 우리에게 본능은 태초에 창조주의 손으로 주어진 것이라고, 그러므로 오늘날도 선한 것이라고 말하지만 그러나 본능은 인간의 타락함으로 말미암아, 타락한 본능이 되었습니다. 그러므로 오늘 저는 제 자신을 주님께 드립니다. 그리고 예수님께 고통과 혹독한 채찍질을 당하게 한, 제 육신의 욕망에서 돌아서겠습니다. 더 이상 미각이나 감각의 욕심을 추구하지 않겠습니다. 당신과 함께 저의 육신은 십자가에 못 박혔습니다. 저의 육체는 더 이상 죄악 가운데 살지 않고 오직 주님, 하나님의 의를 위하여 살겠습니다.

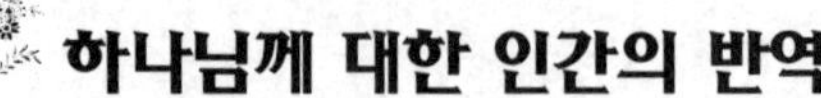

하나님께 대한 인간의 반역

성경읽기 : 누가복음 23:23-19, 24-25

"그런데 그 백성이 그를 미워하여 사자를 뒤로 보내어 이르되 우리는 이 사람이 우리의 왕 됨을 원하지 아니하나이다 하였더라" (눅 19:14)

많은 사람들은 전쟁에서 자신들의 희생을 통하여 그들의 조국이 보존되기를 국민이 바라기 때문에 그들의 생명을 바칠 가치가 있다고 생각하고 목숨을 바칠 각오를 합니다. 그러나 하나님의 아들은 인간들이 그분의 죽음을 다른 사람들을 위한 희생제물이라고 생각하지 않는데도 죽음의 길을 가셨습니다. 인간들은 예수님의 거룩함을 더 이상 견딜 수 없었고 그분의 지배를 받기 싫어했기에, 그분을 쓸모없는 자로 여겨 제거하려고 애를 썼습니다.

　　채찍질하는 형리의 잔인하고 야비한 행동은 "이 사람을 없이 하소서 이 사람을 없이 하소서"라고 외치는 백성들의 거절의 한 표현이었습니다.

　　주님께 대한 채찍질은 잘 생각해 보면 바로 하나님 아버지께 대한 우리 마음의 반역이며 아버지 뜻에 대한 거역입니다. 우리의 소망이나 기대와는 달리, 어떤 일들이 일어날 때 마음속에 일어나는 반역을 스스로 잘 알고 있습니다. 그러나 대부분 이러한 거절이 바로 예수님께 대한 것이라는 사실은 알지 못하고 있습니다. 이는 마치 그때에 "이 사람을 없이 하소서 우리는 이 사람이 우리의 왕 됨을 원치 아니하노라." 하면서 채찍질했던 것과 마찬가지입니다.

　　백성들은 예수님께서 병자들을 낫게 하셨을 때는 무척 좋아했습니다. 그러나 자신의 소유를 버리고 많은 것에서 떠나야 하나님 나라에 들어갈 수 있다는 말씀을 하시자 그들은 주님을 불신하기 시작했습니다. 버리고 떠나라고 말씀을 하신 이유가 얽어매는 속박들로부터 자유롭게 하고 새롭고 참된 행복의 생명을 주시기 위함이라고 생각하지 않고, 오히려 그들이 행복해지는 것을 원치 않아 너무 많은 것을 요구한다고 반항하며, 결국 채찍질까지 하게 된 것입니다. 주님께서 우리에게 어려운 길이나 심판을 주실 때 우리는 하나님의 사랑을 의심하고 오늘날도 채찍질의 죄악을 계속 저지르고 있습니다.

그러므로 예수님의 마음을 슬프게 하고 고통을 드리는 사람이 되지 않으려면 우리는 여기에서 회개하고 돌이켜야 합니다. 왜냐하면 우리는 자신도 모르는 사이에 가장 사소한 반발심만으로 그분의 대적의 편에 속하게 되기 때문입니다. "그 피를 우리와 우리 자손에게 돌릴지어다."하며, 그분의 어떠한 보복도 감수하겠다는 백성의 외침에 우리 주 예수님의 대답은 얼마나 놀라운 것입니까?

예, 그렇습니다. 그분의 피를 그들 위에 쏟으셨습니다. 그러나 그것은 용서와 화목의 피, 정결하게 하며 성화시키는 피로서 하나님의 때에 쏟으셨습니다. 얼마나 헤아릴 수 없는 하나님 사랑의 기적인지요! 증오에 찬 그들의 말이 예수님 안에서 축복과 은혜가 담긴 간구로 변화되었습니다.

그분의 백성은 분명히 먼저 심판을 받아야 했으나, 그들은 영원히 버림 받은 자들은 아닙니다. 하나님께서 약속하신 대로 언젠가는 예수님을 구세주로 깨닫게 되고, 찔린 예수님을 바라보며 회개와 은총을 입게 될 것입니다. 이러한 능력이 예수님의 거룩하신 피 가운데 있습니다. 인간의 증오에 대해 얼마나 놀라운 사랑의 응답입니까?

예수님의 피로 얻은 구원

"그 아들 예수의 피가 우리를 모든 죄에서 깨끗하게 하실 것이요"(요일 1:7)

채찍질 당하신 예수님을 바라보면서 우리가 그분을 믿는다면 여전히 여러 속박에 매어 있을 수는 없습니다. 미각의 욕망, 수면 혹은 다른 감각적인 욕구들을 제어하지 않고 또 어떤 욕망의 생각에 골몰한다면, 채찍질 당하신 예수님을 또 다시 모욕하는 것입니다. 예수님은 우리 욕망의 권세로부터 구원을 주시기 위하여, 이 얽어매는 거센 속박으로부터 완전한 자유를 주시기 위하여, 그토록 고통스러운 채찍질을 당하셨습니다. 채찍에 찢겨진 수많은 상처로부터 흘리신 주님의 피로써, 타락한 본성, 본능을 즐

기려는 욕망으로부터 우리를 구해 내신 것입니다.

"우리의 전한 것을 누가 믿었느뇨? 여호와의 팔이 뉘게 나타났느뇨?"라고 이사야 선지자는 외쳤습니다. 그분의 고난의 능력과 채찍질 당하시며 흘리신 그 구속의 피의 능력을 믿는 자들에게 그분의 놀라운 권능의 팔이 나타납니다. 그렇습니다. 이제 채찍질 당하신 예수님을 바라봄으로 욕망의 종노릇으로부터 해방되고자 하며, 하나님의 나라에 들어가는 것을 막는 죄악의 노예 됨으로부터 어떤 희생을 치르더라도 자유롭게 되고자 하는 모든 이에게 구원이 임하게 됩니다.

사랑이 어떻게 견디는지
아버지가 여기서 보여 주시네.
죄인이 무죄함을 받고,
하나님이 대신 고난의 길 가셨네.
수없이 날아 오는 그 채찍질에
그분의 몸 완전히 찢기셨네.
우리 죄 값을 치르시려고
사랑이 그 길을 선택하셨네.

나의 주 예수님,

제 욕망의 권세가 얼마나 강한지, 얼마나 그것에 얽매어 있는지 주님은 아십니다. 당신께서 저를 위해 채찍질 당하신 것이 사실이듯 이 속박으로부터 풀려날 것도 확실한 것을 하나님께 감사드립니다. 왜냐하면 예수님의 희생은 완전하며 온전한 것이기 때문입니다.

비록 아직은 해방된 것처럼 전혀 보이지 않는다고 해도, 그러나 제가 믿음을 잃지 않도록 믿음의 인내를 더하여 주옵소서. 이 싸움은 한 번의 승리나 패배로 끝나는 것이 아니라, 믿음 안에서의 인내로 꾸준한 싸움임을 깨닫게 하여 주소서. 저는 당신께서 "아들이 너희를 자유롭게 하면 너희가 진실로 자유하리라!"고 하신 그 말씀을 굳게 붙들겠습니다.

죄로 병든 몸을 낮게 하시고

성경읽기 : 마가복음 15:14-15

"값으로 산 것이 되었으니 그런즉 너희 몸으로 하나님께 영광을 돌리라."(고전 6:20)

이제부터 우리의 몸으로 하나님께 영광을 돌려야 합니다! 하나님께서 우리에게 주 예수 그리스도의 부활을 통하여 흠 없고 순결하고 하나님의 아름다움과 영광으로 가득한 순전하고 놀라운 몸을 얻도록 하신 것이 무엇을 의미하는지 우리는 측량할 수 없습니다.

그렇습니다. 사도 바울이 "그는 만물을 자기에게 복종하게 하실 수 있는 자의 역사로 우리의 낮은 몸을 자기 영광의 몸의 형체와 같이 변하게 하시리라"(빌 3:21)고 말했듯이 우리의 몸은 그분의 몸과 아주 비슷할 것입니다.

우리 주 예수님께서 기둥에 묶여서 채찍질 당하시면서 그 고통 가운데 우리를 위하여 이루신 일은 도무지 상상하기 어려운 놀라운 일입니다. 그분께서는 이 고난을 받으심으로 우리가 어릴 때부터 지은 모든 죄악들과 더러움들을 우리가 자백하기만 하면 모두 사하여 주시게 되었습니다. 이 죄악들에서 우리는 결코 깨끗하게 만들 수 없지만 자신의 죄악을 빛 가운데로 드러내고 회개하는 사람들에게는 예수님의 피의 깨끗하게 하는 능력이 역사하게 되었기 때문입니다.

그러므로 채찍질 당하시는 구세주를 바라보면서 결심해야 할 것입니다. 누구든지 부활의 몸을 준비하기 위하여 이 땅에서 용서와 깨끗함과 구원을 얻기 위한다면 자신의 욕망을 따라 살았던 부분의 죄를 고백하고 회개해야 합니다. 그렇지 않으면 더욱 무서운 심판을 당하게 될 것입니다. 왜냐하면 우리의 죄악 때문에 예수님께서 어떠한 고난을 당해야 했는지를 잘 알고 있기 때문입니다.

주 예수님,
제가 몸으로 지은 수없이 많은 죄 때문에 당신께서
채찍질 당하시며, 무수한 상처와 나병처럼 보이도록

온몸이 상하게 되셨던 주를 경배합니다. 제가 바로 죄악의 나병에 걸렸던 자였습니다. 당신의 상처는 바로 저의 나음이며 죄로 병든 저의 육체를 낫게 하셨습니다. 그래서 저는 주님을 경배합니다. 저의 주 예수님, 당신이 고통과 아픔의 채찍질을 당하셨기에 제 몸이 깨끗하고 거룩하게 되어, 하나님의 성전이 되고 언젠가는 영광스럽게 부활하게 될 것을 감사드립니다.

정의라는 구실 아래
예수님께서 내리시는 사망 선고

성경읽기 : 마태복음 27:24-26

"우리의 죄악을 주의 앞에 놓으시며 우리의 은밀한 죄를 주의 얼굴 빛 가운데 두셨사오니" (시 90:8)

예수님이 채찍질 당하신 것은 빌라도로부터 시작되었습니다. 왜냐하면 그가 예수님을 채찍질하라고 군병들에게 넘겨주었기 때문입니다. 예수님께 대한 그의 태도는 오직 나중에 책잡힐 짓을 하지 않으려는 단 한 가지에 몰두해 있었습니다. 얼마나 충격적인 모습입니까! 빌라도의 모든 생각과 고려는 오직 자기 자신만을 맴돌고 있었습니다. 다른 모든 것에 대하여 그는 완전히 무관심하였습니다. 예수님 자신과 그분의 운명에 대하여서도 완전히 무관심하고 다만 다른 사람들이 나중에 그에게 책망하지 못하게 하는

데에만 관심이 있었습니다.

빌라도는 예수님을 채찍질 당하게 함으로써 스스로와 백성들 앞에서 예수님을 적어도 죽음으로부터 보호하려고 하였다는 것을 보여 주려고 했습니다. 그러나 빌라도는 채찍질이 얼마나 자주 사망으로 연결되는지도 잘 알고 있었습니다. 예수님께서 채찍질을 당하셔서 돌아가신다면 채찍질한 자들이 그 죽음에 대하여 공식적인 책임을 지게 됩니다. 왜냐하면 빌라도는 사형 선고를 하지 않았는데 단순히 채찍질에 의한 '불행'으로 예수님께서 사망하신 것이 되기 때문입니다.

우리도 어떤 결정을 할 때, 스스로 정당하다고 책임이 없다고 인정받기 위해 얼마나 더 큰 범죄자가 될 수 있는지 놀랍지 않습니까? 빌라도는 예수님께 큰 고문을 가했습니다. 그가 망설임으로 두 배의 고문을 가했습니다. 처음에는 채찍질이고 그리고 나서도 아무 소용이 없는 것을 보자 십자가의 죽음을 허락하였습니다.

우리의 행위의 가장 깊은 궁극적인 동기를 드러내지 않고 얼마나 자주 우리 스스로를 속이는지 모릅니다. 우리는 겉으로는 경건한 구실을 대고 있지만, 그러나 실제로는 예수님이나 예수님을 사랑하고 그분과 함께 살고 기쁨을 드리는 것에는 아무 관심이 없고 오직 우리 자신에게만 눈을 돌리고 있었다는 것을 분명히 보게 됩니다.

우리의 동기는 순수하지 못하며 경건한 모양의 옷은 입었으나, 실제는 악한 말을 하며 선한 생각 같으나 실제로 악의 뿌리에서 비롯된 생각을 하게 됩니다. 이러한 본성이 예수님을 채찍질했고 오늘날도 동일하게 그분을 때리고 상처 입히고 있습니다.

예수님은 말없이 어린 양처럼
모든 것을 견디시네.
휘둘러대는 채찍 아래 숙이고
고통과 고뇌로 일그러진 그 얼굴,
차마 볼 수 없어라.
채찍질 당하시면서도 그분 마음은
하나님께로 돌아올 죄인들을 사랑하시네.

영원한 사랑, 오직 사랑만이
찢겨진 몸을 낮게 하심

성경읽기 : 요한복음 11:49-53, 19:1

"내게 주신 영광을 내가 그들에게 주었사오니 이는 우리가 하나가 된 것 같이 그들도 하나가 되게 하려 함이니이다. 곧 내가 그들 안에 있고 아버지께서 내 안에 계시어 그들로 온전함을 이루어 하나가 되게 하려 함은 아버지께서 나를 보내신 것과 또 나를 사랑하심 같이 그들도 사랑하신 것을 세상으로 알게 하려 함이로소이다." (요 17:22-23)

우리 주 예수님의 영적인 몸인 교회를 바라보노라면, 당시 그분의 몸이 채찍질을 당하심으로 찢기고 상처투성이가 되었던 것처럼, 오늘날 서로 대적하고 싸우는 교회의 모습이 바로 그러합니다. 예수님을 계속 채찍질하기를 원합니까? 그분의 사랑이 우리의 상처를 낮게 했던 것처럼 그분의 몸 된 교회의 상처도 역시 이 사랑으로만 낫게 될 것입니다.

그분께서 채찍에 맞으셨기에, 원수도 사랑할 수 있는 사랑을 구할 수 있습니다. 상처 입을 때를 위하여 준비합시다. 왜냐하면 상처는 상처를 통해서만 낫게 되기 때문입니다.

아, 고난 받으신 예수님을 위하여 그분의 몸 된 교회가 하나 될 수 있도록, 거룩한 보혈의 능력을 찬양합시다. 다툼과 시기로 인하여 상처 입게 된 교회, 그 몸을 볼 때, 채찍질을 당하신 구세주를 영적으로 바라봅시다. 우리가 성찬식을 거행할 때 모든 형제자매들과 함께 하나가 되도록 합시다. 그분의 보혈은 치료하는 능력이 있고, 하나님의 어린 양의 상처를 통해 우리가 나음을 입게 될 것입니다.

나의 주 예수님, 저의 간구를 들어주소서.
온통 상처투성이이신 고난 받으신 주님, 당신께서 받으셨던 그 채찍질에 올바른 응답을 드리게 하소서. 제가 이 상처에 약을 바르고 싸매 주는 일 외에 무엇을 하겠나이까? 이제부터 채찍질 당하신 주께 응답을 드리는 자가 되게 하소서. 왜냐하면 오늘도 당신의 몸 된 교회가 불화와 다툼으로 상처 받고 분열되어 있기 때문입니다. 이것은 바로 제 허물입니다.

상처투성이이신 어린 양 당신께 저를 헌신하며 주님의 몸 된 모든 지체들을 사랑하고 포용하는 사랑을 통하여 교회의 분열된 그 상처를 묶고 낫게 하는 일을 돕겠습니다. 남을 나보다 낫게 여길 수 있게 하소서. 제가 당신의 채찍질 당하신 고난을 영적으로 바라보지 못해 주님께 더 큰 고난을 드리지 않게 하소서.

5. 가시면류관을 쓰심

"군사들이 가시나무로 관을 엮어 그의 머리에 씌우고 자색 옷을 입히고 앞에 가서 이르되 유대인의 왕이여 평안할지어다 하며 손으로 때리더라. 빌라도가 다시 밖에 나가 말하되 보라 이 사람을 데리고 너희에게 나오나니 이는 내가 그에게서 아무 죄도 찾지 못한 것을 너희로 알게 하려 함이로라 하더라. 이에 예수께서 가시관을 쓰고 자색 옷을 입고 나오시니 빌라도가 그들에게 말하되 보라 이 사람이로다 하매" (요 19:2-5)

인간들이 하나님을 조롱하며
면류관을 엮어 씌웠네.
가시로 만든 면류관
비웃음에 찬 면류관
영광을 빼앗긴 채
하나님의 아들이 거기 서계시네.
언제, 이 땅 어디에서도
이 같은 불의는 결코 없었네!

하나님 아버지의 눈 앞에서
능욕 당하시는 독생자

성경읽기 : 마가복음 15:16-19

"주는 주의 종들이 받은 비방을 기억하소서. 많은 민족의 비방이 내 품에 있사오니 여호와여 이 비방은 주의 원수들이 주의 기름 부음 받은 자의 행동을 비방한 것이로소이다." (시 89:50-51)

피조물들이 창조주이신 하나님 독생자에게 조롱과 모욕을 퍼부었을 때, 피조물들의 경외하는 마음에서 나오는 사랑을 갈망하셨을 그분의 영혼은 거의 죽음에 이르는 고통을 받으셨을 것입니다. 그때 그분은 아마도 이렇게 기도하셨을 것입니다.

"모욕으로 제 마음이 상하며 제가 고통당하나이다."

하나님 아버지께서도 사랑하는 아들이 이토록 모욕을

당하고 어릿광대 취급을 받고 그분의 얼굴이 사악한 주먹질로 부풀어 오르고, 머리에는 소름끼치는 가시나무로 관을 쓰고 찔려서 피가 흐르고 있는 능욕 당하는 모습을 보시며, 가슴이 찢어지는 고통을 당하셨을 것입니다. 인간의 존엄성을 생각하는 사람들이 이 모습을 볼 때 어떠했겠는가! 조롱받는 그분을 사랑했던 사람들에게 얼마나 큰 괴로움이었겠는가! 그리고 그분의 아버지이신 하나님께 얼마나 측량할 수 없는 고난이었겠는가! 실제로 아버지의 마음은 슬픔으로 찢어지는 것 같았을 것입니다.

그분의 눈은 아들 곁에 서 있을 사람을 찾고 계셨습니다. 열두 제자와 또 따르던 많은 무리가 있지 않았는가? 그러나 제자들은 멀리서 있었습니다. 바로 이때 그분 곁에서 "진실로 당신은 하나님의 아들이시며 왕 중의 왕이십니다."라고 했어야 할 자들이 아무도 없었습니다. 그분의 피조물이 드리는 이 말이 아버지와 아들께 얼마나 큰 위로가 되었겠는가! 가시면류관을 쓰시는 이 무서운 고난의 길을 가시는 아들에게 얼마나 큰 힘이 되었겠는가! 그러나 그분의 사람들은 아무 말이 없고 모욕하는 지옥의 아우성만이 아버지와 아들의 귀와 가슴을 울렸습니다. 지옥의 왕에 의하여 선동된 비열하고 야비한 비난과 비웃음, 조롱들이 허공을 가득 채웠습니다.

하나님 아버지께서 그분의 독생자, 사랑하는 아들을 그분의 백성에게 왕으로 주셨는데, 그를 거절하는 것을 보실 때 얼마나 고통당하셨을지 누가 헤아릴 수 있겠는가! 그분의 백성, 이스라엘은 옛날부터 한 왕을 요구하지 않았던가! 그렇습니다. 그를 하나님께 구하였습니다. 그런데 백성들은 어떠한 왕을 환영하였던가! 그 백성을 착취하고 멸망으로 이끈 아무 능력 없는 왕들이었습니다. 그러나 예수님은 이전에 결코 없었던 고귀하고 존엄과 영광, 아름다움과 능력과 지혜가 넘치는 그런 왕으로 오셨습니다. 그런데 이스라엘 민족은 예수님 사랑의 지배를 원하지 않았고 그분을 왕으로 모시지 않았습니다.

왜냐하면 이는 진리와 동행하는 것을 의미하였고, 그들의 참 모습을 보여 주게 되기 때문이었습니다. 하나님 여호와, 그들을 항상 사랑하시고 사랑의 줄로 인도해 오신 아버지 하나님의 아들이신 예수님을 모욕하기까지 하였습니다. 그분의 택하신 백성이 하나님의 마음을 이보다 더 상하게 할 수는 없을 것입니다. 이제 우리는 생활의 모든 영역을 그분의 통치 아래 드림으로, 완전히 우리 주님이 되시고 왕으로 모셔 아버지의 마음을 기쁘게 해야 하지 않겠습니까?

그분께서 그토록 많은 모욕과 조롱을 당하신 후인 지

금, 우리는 그분 앞에 겸손히 재를 쓰고, 우리를 징계하시고 인도하시는 권능의 손 아래 자신을 낮추며 하나님께 영광을 돌려드려야 하지 않겠습니까?

겸손의 불 시험 가운데 계신 예수님

성경읽기 : 마태복음 27:27 -30

"이제 이 세상에 대한 심판이 이르렀으니 이 세상의 임금이 쫓겨나리라", "이 세상의 임금이 오겠음이라 그러나 저는 내게 관계할 것이 없으니" (요 12:31, 14:30)

옛날 빛의 천사장이었던 루시퍼가 악한 욕망을 품어 깊은 나락으로 떨어졌습니다. 그는 하나님의 면류관과 그분의 보좌를 탈취하여 자기가 하나님이 되려고 하였으나, 성공하지 못했습니다. 그래서 그는 이 세상의 왕으로서 보좌를 만들어 하나님의 보좌와 비기려고 합니다. 그의 왕국은 모두 이에 근거하고 있습니다. 그의 하수인인 세상의 자녀들은 모두 루시퍼와 같은 길을 가며 하나님의 면류관과 보좌에 욕심을 냅니다. 그들의 욕심을 만족시키기 위해 인간이 스스로 면류관을 쓰고 칭호와 명예를 스스로 부여하고, 보좌를 만들어 앉았습니다. 그들은 모두가 아무리 적은 영역이라도 할지라도 자기의 왕국을 다스리고 싶어합니다. 어떠한 값을 치르고서라도 권세와 명예를 얻고자 합니다.

그런데 하나님의 아들이 이 세상에 오셨습니다. 그분은 그들과 함께 명예를 다투지 않으셨습니다. 겸손하게 이 땅에 오셨습니다. 아기로 태어날 때 마굿간에서 동물들과 함께 지내셨고 자라나서는 조용히 은밀하게 수공업에 종사하셨습니다. 아버지는 전능하신 힘과 능력을 가지고 계셨음에도 불구하고 말입니다. 그리고 마지막 3년 동안은 가난하게 전국을 두루 다니시며 말씀을 전파하시고 병을 고쳐 주셨습니다. 여인들이 공궤하는 것과 가난하고 배우지 못한 제자들에게 둘러싸여 사셨고, 율법학자나 바리새인들의 교육과 지위에 끼지 않으셨고 평신도 전도자로 지내셨습니다.

이 겸손은 원수에게 가장 고귀한 것으로 보였습니다. 겸손으로부터 나오는 이러한 권능을 사단은 가지지 못했습니다. 결국 이 겸손은 사단을 피를 흘리기까지 화나게 했고, 사단은 이를 파괴하려 했습니다. 그리하여 눈에 보이지 않게 쓰신 예수님의 겸손의 면류관을 땅에 떨어뜨리고, 자신이 왕관과 통치권을 차지하려 했습니다. 사단은 이러한 생각을 인간의 마음속에, 특별히 바리새인과 율법사들, 그리고 "하나님과 같아지려고 했던" 이 세상의 모든 자녀들, 인간의 타락 이후 지배욕과 높아지려는 욕망을 지닌 사람들의 마음속에 불어 넣었습니다.

사단이 예수님을 낮아지게 하고 모욕함으로써 격분하게 하여 예수님께서 지상에서 쓰고 계신 유일한 왕관, 겸손의 왕관을 벗기는데 성공할 수 있을까요? 혹은 예수님께서 이러한 시험에서도 항상 그대로 변함없이 온유하시고 겸손하신 것이 증명될까요?

예수님께서 승리하신다면 그분의 전 백성들을 겸손의 왕국으로 함께 데려가실 수 있을 것입니다. 그리하여 싸움은 이렇게 시작되었습니다. 사단은 그의 전 대군을 출동시켰습니다. 그때 예수님께서 가지신 겸손과 사랑과 진리를 빼앗고, 이 거룩하신 하나님이시며 왕이신 그 분께로부터 영광과 위엄과 능력을 빼앗기 위하여 바리새인들과 율법사들, 그리고 백성들이 큰 무리를 지어 왔습니다. 예수님께서 3년 동안 돌보셨던 그분의 백성들이 가시면류관으로 예수님을 모욕하기 위하여 모두 함께 나아온 것입니다.

사단은 가시면류관으로 예수님을 씌우고 모욕을 주면 예수님은 겸손을 유지하실 수 없을 것이며, 가시면류관의 고통을 줌으로써 그 분을 이길 수 있을 것이라고 생각했습니다. 그런데 가시면류관을 씌웠을 때 무슨 일이 일어났습니까? 사단은 실패하였고 예수님께서 이 싸움에서 승리하셨습니다. 겸손의 면류관은 예수님의 머리 위에서 더욱 밝게 빛났습니다. 가시면류관의 치욕은 예수님의 겸손을 더욱 빛나게 했습니다. 왜냐하면 모든 모욕과 수모를 겸손하게 받아들이고 침묵하셨으며 그분을 치는 자들을 사랑하셨기 때문입니다.

가시면류관의 밝은 빛은 그때부터 오늘까지 수많은 사람들이 겸손과 사랑의 나라인 하나님의 나라에 들어가기 위하여 그들의 교만의 관을 벗어버리도록 역사해 왔습니다. 예수님의 겸손하신 사랑이 가시면류관 아래서 승리하였고, 사단의 권세보다 더 강하다는 것을 증명하였습니다. 우리의 삶에 있어서도 사단과 악, 그리고 사람들을 통하여 우리를 괴롭히는 것들을 오직 겸손한 사랑으로 이길 수 있습니다.

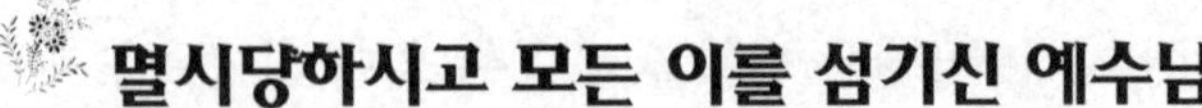

멸시당하시고 모든 이를 섬기신 예수님

성경읽기 : 요한복음 19:2-3

"예수께서 제자들을 불러다가 이르시되 이방인의 집권자들이 그들을 임의로 주관하고 그 고관들이 그들에게 권세를 부리는 줄을 너희가 알거니와 너희 중에는 그렇지 않아야 하나니 너희 중에 누구든지 크고자 하는 자는 너희를 섬기는 자가 되고 너희 중에 누구든지 으뜸이 되고자 하는 자는 너희 종이 되어야 하리라." (마 20:25-27)

우리는 사순절 기간에 예수님께서 가시면류관을 쓰신 것을 노래하며, 이 일은 그때에 한 번만 일어났던 사건으로 생각합니다. 우리가 지배욕과 인정과 명예를 얻고자 함으로 인해 얼마나 새롭게 매일매일 그분께 가시면류관을 씌우는지 우리는 깨닫지 못합니다.

우리 중에 누가 기꺼이 섬기는 자가 되려고 하며 순종하고 복종하기 원합니까? 어느 누가 아무 말 없이 다른 사람들을 섬기는 자가 되려고 합니까? 사람들은 자신의 명예를 구함으로 "예수님은 죽었다."라고 선언하고 있다는 것을 깨닫지 못하고 있습니다. 그분이 우리에게 살아 계신 분이라면, 오늘도 살아 계시고 사랑하시기에 주님의 영광을 취하려는 우리의 죄악 때문에 고난 받으신다는 것을 깨닫게 될 것입니다.

그분이 사랑하는 자들이 그 품으로 돌아오지 않는 것으로 주님은 고난 받으십니다. 비방을 당하실 때, 그분의 간구가 받아들여지지 않을 때 주님은 고통당하십니다. 히브리서에서 말한 것처럼(히 10:13) 영원한 사랑이신 예수님은 모든 대적이 그의 발등상이 될 때까지 기다리셔야 하는 하늘의 대제사장으로서 고난 받고 계십니다. 오늘날도 계속 예수님의 마음은 그 수난의 길에서 고통 받고 계시건만, 그분의 사람들은 자신들이 얼마나 그 고통을 가중시키는지 모르고 있습니다. 그 당시에 예수님께서 제자들에게 기대하신 것과 마찬가지로, 오늘날도 주님의 사람들이 그분의 곁에 서서 그분의 가시면류관을 바라보며, 기꺼이 겸손해지기를 기대하고 계십니다.

하나님의 아들이 가장 멸시받고 조롱당하고 온갖 치욕

을 당하신 이래, 그분은 가시면류관을 받으신 그곳에서 우리를 부르고 계십니다.

"나를 따르라."

예수님께서 가시관을 쓰신 이후로, 우리가 주님을 위하여 모욕과 조롱을 당하는 일은 가장 큰 영예가 되었습니다.

"나를 말미암아 너희를 욕하고 박해하고 거짓으로 너희를 거스려 모든 악한 말을 할 때에는 너희에게 복이 있나니"(마 5:11) 예, 하늘의 영광이 그들에게 약속되어 있습니다. 누가 예수님께서 가신 이 길을 따르고 있습니까?

당신께 고통을 가하고
당신의 마음을 아프게 한 가시들,
제 교만의 죄입니다.

당신을 괴롭힌 가시들,
남을 비판하는 제 큰 허물을
죄라고 분명히 말합니다.

가시나무로 관을 엮어

하나님을 조롱하며 씌운 면류관,
제 허영에 찬 명예욕을 정죄합니다.

　주 예수님,

　제 이름이 높임을 받고 사람들에게 인정을 받으려
고 의식적으로 혹은 무의식적으로 애썼던 저를 용서하
소서! 주님께서 받으신 고난에 대하여 무관심하게 지내
온 저를 용서하소서. 주님께서 가시면류관 쓰신 것과
능욕 당하신 것을 잘 알면서도 주님의 이름만이 영광
받으시길 원하기보다 제 자신의 영광만을 구한 것을 용
서하소서. 이후로는 제 자신이 인정받으려 하지 않고
제 이름을 구하지 않으며, 저를 통해 오직 당신의 이름
만이 빛나서 주께 큰 영광을 드릴 수 있도록 오늘 저를
헌신합니다.

주께서 조롱의 홍포를 걸치심은
저의 부끄러운 교만 탓입니다.

주께서 가시면류관을 쓰심은

제 교만의 대가입니다.
주님의 영광을 탈취했기에,
제가 엎드립니다.

　예수님께서 가시면류관을 쓰심으로 얻은 승리의 열매는 회개하는 자에게 주어질 것입니다. 그는 자랑과 자부심으로부터 구원을 얻습니다. 그러나 우리를 위해 받으신 그 고난을 바라보면서도 회개하지 않는 자에게는 화가 있을 것입니다. 그런 사람은 예수님께 수모와 치욕의 관을 새롭게 씌우는 자이며, 자신의 교만과 자랑 속에서 자신을 더욱 단단히 지옥에 묶는 자입니다.

가시면류관의 승리를 믿습니다.
당신이 받으신 수모는 결코 헛되지 않아
자기 자랑에서 저를 건지셨네.

당신이 저를 위해 대속해 주셨기에,
모든 자랑과 교만의 죄에서 풀려나
하나님의 자녀로서 자유를 누리네.

주 예수님,

가시면류관 아래서 당신의 겸손은 찬란히 빛나고, 우리를 겸손한 자가 될 수 있도록 구하셨습니다. 당신을 떠나지 않겠사오니 제 본성 가운데 겸손의 덕을 새겨주소서. 그리하여 당신을 닮아가며 주의 나라, 그 겸손한 사랑의 나라를 함께 이루어가는 자가 되게 하소서! 주님께서 행하시는 일은 모두 옳다고 시인하며 당신의 능하신 팔과 인도하시는 손길 아래 저를 겸손히 굽히고, 비록 까다로운 상관에게도 그리하겠나이다. 오 예수님, 오늘 이 의지의 헌신을 받아 주소서! 당신의 구원하시는 보혈의 힘으로 이를 온전히 이루도록 주님의 축복과 능력을 더하여 주소서.

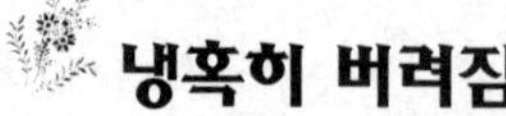
냉혹히 버려짐

성경읽기 : 누가복음 23:8-11

"그가 큰 능력으로 나의 옷을 떨쳐 버리시며 나의 옷깃처럼 나를 휘어잡으시는구나. 하나님이 나를 진흙 가운데 던지셨고 나를 티끌과 재 같게 하셨구나." (욥 30:18-19)

예수님께서는 헤롯 왕의 질문에 답하지 않으셨습니다. 이는 헤롯 왕의 자존심을 상하게 했고 분노하게 하였습니다. 그는 이에 대하여 비열한 방법으로 보복했는데, 바로 예수님을 조롱거리로 만들고 빛난 옷을 입히고 희롱하며 비웃었습니다.

하나님의 아들에게 광대의 옷이 걸쳐졌을 때 얼마나 고통스러웠을지 우리가 가히 짐작이나 할 수 있을까요? 인간들도 육체적 고통보다, 조롱을 참고 견뎌야 할 때 더욱 고통스럽지 않습니까?

인간은 많은 것을 견딜 수 있습니다. 그러나 자신이 웃음거리가 되고 조롱을 당할 때는 절망적인 반발이 생기며 인간의 존엄성을 내세우게 됩니다. 우리를 그렇게 조롱한 사람을 쉽게 용서할 수 없습니다. 사람들이 어떤 사람들을 이렇게 조롱합니까? 대부분의 경우 저능한 사람이나 어린 아이 혹은 동물들입니다. 이 같은 비웃음과 조롱은 어떠한 결과를 초래합니까? 사람들은 이로 인하여 일생 동안 고통 당하며 깊이 상처 입게 됩니다.

예수님은 우리의 이러한 죄의 깊은 뿌리를 뽑고자, 그토록 무서운 죄악들을 견뎌야 했습니다. 다른 사람들을 비웃음으로 자기 자신을 높이려는 우리의 본성 때문에 주님은 고통을 당하셔야 했습니다. 그 분이 고난 받으심으로 우리가 무시무시한 지옥의 형벌을 면하게 되었습니다. 호화롭게 지내던 부자가 지옥에서 목마름으로 혀가 타는 고통을 당해야 했듯이 우리도 우리의 과대망상에 상응하는 웃음거리가 되어 고통받아야 했을 것입니다.

왜냐하면 우리에 대한 사단의 목표는 우리가 죽은 뒤 지옥으로 끌고 가서, 그곳에서 웃음거리로 만들고 우리의 참 모습이 무엇인지를 드러내 고통을 주는 것이기 때문입니다. 그러나 우리 주 예수님이 오셨고 몸소 조롱을 당하

심으로 우리의 죄를 대속해 주셨습니다. 그분이 우리를 대
신하여 광대처럼 웃음거리가 되심으로, 그분의 피조물로
창조된 우리가 영광과 존귀 가운데 하나님의 고귀함을 다
시 지닐 수 있게 하셨습니다. 우리가 어찌 이 축복을 경히
여기며 경솔한 풍자와 조롱으로 흘려보낼 수 있겠습니까?

　가시면류관을 쓰신 예수님 – 인간의 존엄성마저 뺏긴
채 나병에라도 걸린 듯 온몸이 상처로 찢기어 간신히 누더
기를 걸치셨고 부어오른 얼굴에는 침이 뱉어진 모습 – 이
렇게 혐오스러운 모습으로 주님은 빌라도에 의해 광란하는
군중 앞으로 끌려 나왔습니다. 끝없는 고통 가운데서도 한
가지 생각만이 예수님께 힘을 주었을 것입니다. 하나님 아
버지의 형상이신 그분이 인간들 앞에 혐오스런 모습이 되
어서야 그들이 하나님을 닮아갈 수 있도록 다시 변화될 것
이라는 생각이 었습니다. 그분께서 벌을 받음으로 그들이
구원을 얻을 것입니다.

"내가 주를 위하여 비방을 받았사오니 수치가 나의 얼굴에 덮었나이다. 내가 나의 형제에게는 객이 되고 나의 어머니의 자녀에게는 낯선 사람이 되었나이다. 주의 집을 위하는 열성이 나를 삼키고 주를 비방하는 비방이 내게 미쳤나이다. 내가 곡하고 금식하였더니 그것이 도리어 나의 욕이 되었으며" (시 69:7-10)

예수님은 눈을 가리고 주먹으로 맞으며 침 뱉음과 비웃음과 조롱을 당하시며 그곳에 계십니다. 이 광경은 우리를 고발합니다. 이러한 일이 지구에서 일어났다는 사실 때문에 우리는 부끄러움으로 낯을 붉혀야 합니다. 거룩하시고 온전하신 하나님의 아들이 비참한 모습이 되셨으며, 우리가 바로 그렇게 한 장본인이었습니다. 이러한 일이 다시 되풀이되지 않도록 우리는 두려운 마음으로 경계해야 할 것입니다. 그러나 그 이후에도 얼마나 "자주 저를 없이 하소서!"라고 외쳐왔는지요. 우리가 "하나님의 인도하심을 받지 않겠소."라고 생각하거나 말할 때, 우리도 똑같이 외치는 것입니다. 하나님께서 우리에게 허락하신 것에 대한 거절은 바로 하나님께 대한 반역입니다. 어느 누구에게나 하나님의 주권에 대한 '예' 혹은 '아니오'의 결단의 순간이 옵니다. 바리새인들은 사소한 것들에서 예수님의 말씀과 취급을 받아들이기 어려워하며 자신을 겸손히 낮추지 않았기에 결단의 순간에 이르러서는 큰 죄와 허물에 빠지고 말았습니다.

예수님께서 오늘날 우리 위에 그분의 손을 놓으실 때, 우리에게도 같은 일이 일어납니다. 우리 자신을 겸손히 숙이고 자기의 원대로 고집하던 것을 포기하고 내려놓거나, 혹은 솟아오르는 반역과 분노를 억제하지 못하고 결국은 자기도 모르는 사이에 하나님을 거역하는 큰 시험에 빠지게 됩니다. 마침내 우리는 하나님께 반항하며 의식하지 못한 채 "저들을 없이 하소서. 저들이 우리를 지배하는 것을 우리는 원하지 않습니다."라고 부르짖습니다.

우리는 가시면류관을 쓰고 피 흘리시며 얻어맞고 조롱

당하시는 예수님의 모습을 더욱 많이 바라보아야 합니다.
이를 통해 우리 안의 강퍅함이 깨어지고 하나님의 주권,
사랑의 주권 아래 겸손히 자신을 숙이게 될 것입니다.

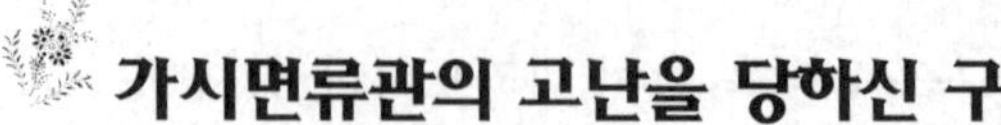

가시면류관의 고난을 당하신 구세주

성경읽기 :요한복음 19:2-7

"내가 의로울지라도 머리를 들지 못하는 것은 내 속에 부끄러움이 가득하고 내 환난을 내 눈이 보기 때문이니이다. 내가 머리를 높이 들면 주께서 젊은 사자처럼 나를 사냥하시며 내게 주의 놀라움을 다시 나타내시나이다. 주께서 자주자주 증거하는 자를 바꾸어 나를 치시며 나를 향하여 진노를 더하시니 군대가 번갈아서 치는 것 같으니이다" (욥 10:15-17)

오, 그 당시의 사람들은 예수님께서 이토록 모욕 받고 수치를 당하시는 것을 어떻게 그냥 바라보고 있을 수 있었을까요? 그들은 눈을 떠야 하지 않았을까요? 그들의 마음이 소리쳐야 하지 않았을까요?

"중지하시오, 나의 죄입니다. 벌을 받아야 할 자는 바로 나입니다. 능욕의 가시관은 바로 나의 것이요. 나의 마음과 삶은 명예욕과 권세욕, 야심으로 가득 차 있습니다. 나는 사람들 앞에서 사랑받기 원하고 존경받기 원하여 내가 받을 자격이 없는 명예의 거짓 면류관을 쓰고 있었습니다.”

그러나 아무도 예수님께 가까이 다가서지 않았습니다. 그분의 제자들도 역시 마찬가지였습니다. 그러면 오늘날은 어떠합니까? 오늘날의 우리의 행위는 더욱 책망 받아야 하지 않겠습니까? 우리는 그때의 사람들처럼 순간적인 충동으로 그렇게 나쁜 행동을 하지는 않습니다. 그러나 우리는 수백 년 동안 예수님께서 십자가에서 달리신 이야기를 알고 있습니다. 또한 “너를 위하여, 너를 위하여”라고 큰 글자로 쓰여진 그림도 보아 왔습니다. 그런데도 불구하고 우리가 계속 교만의 면류관을 벗지 않고 있다면 그것은 새롭게 예수님을 모욕하는 것이 되며 이것은 더욱 무서운 일입니다.

예수님은 가시면류관을 쓰심으로써 우리의 교만의 죄 값이 얼마나 큰 것인가를 보여 주셨고 그 무섭고 큰 형벌을 직접 담당하여 주셨습니다. 그런데도 우리가 그분의 가시면류관의 형벌이 전혀 일어나지 않았던 것처럼 그렇게 교만하게 살고 행동한다면, 혹은 그분의 사람으로서 마땅히

행할 바를 행하지 않는다면, 얼마나 더 예수님을 멸시하는
행동이 되겠습니까?

하나님의 영광을 위한 부르심

성경읽기 : 마태복음 27:27 −30

"여호와를 대적하는 자는 산산이 깨어질 것이라. 하늘에서 우레로 그들을 치시리로다. 여호와께서 땅끝까지 심판을 내리시고 자기 왕에게 힘을 주시며 자기의 기름 부음을 받은 자의 뿔을 높이시리로다 하니라" (삼상 2:10)

"만국의 족속들아 영광과 권능을 여호와께 돌릴지어다 여호와께 돌릴지어다. 모든 나라 가운데서 이르기를 여호와께서 다스리시니 세계가 굳게 서고 흔들리지 않으리라. 그가 만민을 공평하게 심판하시리라 할지로다." (시 96:7,10)

우리의 교만으로 인해 우리가 받아야 마땅한 일을 예수님께서 당하셔야만 했다니, 이는 우리에 대한 영원한 고소가 아닐까요? 그러나 겸손하지 못한 우리들은 결코 판단에 승복하지 않으며 행위에 합당한 것인데도 불구하고 받아들이지 않습니다. 그리하여 하나님의 아들께서 인간을 위하여 가시면류관을 쓰셨고, 모든 조롱과 수모와 고소를 겸손하게 받아들이셨습니다.

우리의 죄로 인하여 마땅히 섰어야 할 그 자리를 예수님께서 대신 서셨습니다. 이 예수님을 바라보면서 우리는 재를 뒤집어쓰고 회개해야 하지 않을까요?

아, 인류에게 영원한 오점이 된 이 가시면류관 사건 이후에, 예수님께 영광의 면류관을 드릴 수 있는 일이라면 어떠한 것이라도 해야 하지 않겠습니까? "면류관 가지고 주 앞에 드리세 온 천하 만민 주 앞에 엎드려 면류관 드리세."라고 우리는 찬송을 드립니다. 그런데 우리는 어떻게 그분께 진짜 면류관을 씌워 드릴 수 있을까요? 우리의 면류관을 벗어 버리고 명성, 지위, 명예, 교파, 체면 등을 더 이상 탐하지 않으며 기꺼이 모든 것을 단념할 준비가 되어 있다면, 우리는 그분께 참된 면류관을 드리는 것입니다. 우리 자신과 이름을 중요하게 여기고 높이려 할 때 이렇게 함으로 빼앗은 그분의 영광을 돌려드리게 됩니다. 예수님께서 거룩하신 위엄과 영광을 희생하며 받으신 가시면류관으로, 하나님의 고난이라는 측량할 수 없는 값으로, 우리의 반역과 교만의 죄악으로부터 속죄함을 얻었습니다.

가시면류관을 쓰신 하나님께서 얼마나 능욕 받고 수치를 당하셨는지 생각할 때 하늘에서는 "영광, 영광, 하나님의 어린 양께 영광을!"이라는 외침이 영원히 울려 퍼질 것입니다. 그리고 이 땅에는 "하나님 아버지와 아들과 성령께 영광을!"이라는 외침이 모든 예배에서 빠지지 않을 것입니다.

그리고 언젠가는 하나님의 피조물들이 영광 가운데서 그분의 보좌 앞에서 영원히 그들의 면류관을 벗어드리게 될 것입니다. 그들은 면류관을 쓰고 있을 수가 없기 때문입니다. 어떻게 사람이 '면류관'이 라는 말을 들을 때 가시면류관을 씌워서 상처 입힌 하나님의 아들을 생각하지 않을 수 있으며, 그 가시면류관을 생각하지 않고 자기의 면류관을 계속 쓰고 있을 수 있겠습니까? 피조물들이 그들의 창조주께 치욕의 면류관을 씌우다니, 이 얼마나 애통한 일입니까! 그러나 하나님께서는 이러한 모욕적인 행위에 대한 응답으로 그분의 백성들에게 영광의 면류관을 씌워주십니다.

우리의 이성으로는 이해할 수도 없고, 측량할 수 없는 사랑, 하나님 아버지, 성자, 성령님의 사랑입니다. 이 사랑에 대하여 그분의 백성들은 불타는 사랑과 열심으로 오직 예수님의 영광이 사람들 앞에서 크게 드러나기만 바라게 될 것입니다. 이는 우리 자신의 죄에 대하여 하나님과 사람들 앞에서 겸손히 무릎을 꿇는 정도에 달려 있습니다. 이렇게 함으로 우리는 그분께 영광을 돌리게 되고 예수님께서는 심판하시는 분이시며 보좌에 앉기에 합당하신 분임을 증거합니다.

"그러나 주께서 주의 기름부음 받은 자에게 노하사 물리치셔서 버리셨으며 주의 종의 언약을 미워하사 그의 관을 땅에 던져 욕되게 하셨으며 그의 모든 울타리를 파괴하시며 그 요새를 무너뜨리셨으므로 길로 지나가는 자들에게 다 탈취를 당하며 그의 이웃에게 욕을 당하나이다. 주께서 그의 대적들의 오른손을 높이시고 그들의 모든 원수들은 기쁘게 하셨으나 그의 칼날은 둔하게 하사 그가 전장에서 더 이상 버티지 못하게 하셨으며 그의 영광을 그치게 하시고 그의 왕위를 땅에 엎으셨으며 그의 젊은 날들을 짧게 하시고 그를 수치로 덮으셨나이다 (셀라)" (시 89:38-45)

빌라도가 "그러면 네가 왕이 아니냐?"라고 물었을 때

가시면류관을 쓰신 예수님은 "네 말과 같이 내가 왕이니라, 진리에 대하여 증거하러 온 것이니라."라고 대답하셨습니다. 그렇습니다. 예수님께서는 우리들의 참된 모습을 보여 주셨습니다. 우리들의 실제 모습이 어떠한 것인가를 그분 자신이 몸소 보여 주셨습니다. 형벌과 멸시를 받으며 죽어 마땅한 비참한 죄인, 그것이 바로 우리의 참된 모습입니다. 예수님께서는 우리를 대신하여 이 자리에 서셨고 그리하여 진리가 승리하도록 이끄셨습니다. 그 진리는 바로 피조물인 우리에게 합당한 것으로 보좌와 면류관이 아니라 겸손한 복종이라는 사실입니다.

그리고 예수님은 또 다른 영원한 진리를 보여 주셨습니다. 겸손은 고귀하고, 겸손으로 면류관을 얻게 되며, 겸손을 통해 왕의 품위를 얻게 된다는 것입니다. 이를 통하여 하나님께서 그분의 피조물들을 보좌와 면류관으로 부르고 계십니다. 이 길은 아담과 하와, 온 인류가 택했던 반항을 통해서가 아니라 창조주 하나님 아버지 앞에 겸손히 자기 자신을 굽히며, 그분께 합당한 영광을 돌려드리는 참된 자녀의 사랑의 길을 통해서만 오직 가능합니다.

고난과 인내의 헌신 속에 드러난 주님의 사랑

성경읽기 : 요한복음 19:2-5

"내가 내 목숨을 버리는 것은 그것을 내가 다시 얻기 위함이니 이로 말미암아 아버지께서 나를 사랑하시느니라. 이를 내게서 빼앗는 자가 있는 것이 아니라 내가 스스로 버리노라. 나는 버릴 권세도 있고 다시 얻을 권세도 있으니 이 계명은 내 아버지에게서 받았노라 하시니라." (요 10:17 –18)

예수님께서는 다른 사람이 예수님의 생명을 빼앗는 것이 아니라 스스로 목숨을 버린다고 말씀하셨습니다. "내가 스스로 버리노라."는 바로 주님 사랑의 입증입니다. 전능하신 그분께서 자신을 버리는 길을 가신 것은 바로 사랑 때문입니다. 자신에게 가해지는 모든 것에 대해 스스로를 내어주심으로 예수님은 겸손을 입증하셨습니다. 사람들은 채찍질 당해 치명적인 상처를 입은 그분께 옷을 입혔다 벗

졌다 하며 고통을 가했습니다. 그들은 갖가지 수단과 방법으로 예수님을 괴롭혔습니다. 결국 빌라도마저도 "보라 이 사람이로다"라고 외칠 정도였습니다.

예수님께서는 가시면류관과 모욕을 당하심으로 예수님께서 어떻게 인간들에 의해 지배되실 수 있는지 보여 주셨습니다. 그들은 "저를 없이 하소서. 우리는 저의 지배와 그의 종이 되는 것을 원하지 않습니다!"라고 외쳤습니다. 이제 예수님께서는 그분의 본성이 "지배"와는 정반대의 것이라는 것을 보여 주십니다. 그분은 이 세상의 어떠한 사람도 감당할 수 없을 정도로, 피조물들의 무리한 요구에 자신을 내어 주셨습니다. 이로써 예수님은 우리를 지배하려는 엄한 주가 아니라 자기 자신을 내어 주고 다만 사랑이 가득한 눈으로 바라보시는 어린 양이심을 온 세상에, 또 영원히 보여 주셨습니다.

예, 그분은 오직 사랑이십니다. 주님은 어떠한 인간도 겪어 본 일이 없는 고통을 당하셨지만, 이에 대항하시지 않고 자신을 내어 주셨습니다. 이로써 예수님은 그분의 지배가 다만 우리에게 대한 간청임을 보여 주셨습니다.

"와서 나를 따르라, 참고 견디는 어린 양의 길, 아버지께로 또 영광으로 인도해 줄 사랑의 길을 따르라."

가시관 쓰심으로
이 땅에 사랑의 나라가 시작됨

성경읽기 : 마가복음 15:16-19

"누구든지 자기를 높이는 자는 낮아지고 누구든지 자기를 낮추는 자는 높아지리라."(마 23:12)

인간의 마음으로부터 고삐 풀린 듯 솟아 나온 지옥, 그 와중에서 거룩한 평강으로 말없이 참고 견디시는 어린 양, 예수님을 한 번 눈앞에 그려봅시다. 이런 경악할 만한 고통 가운데서 소리지르거나 되받아칠 수도 있었지만, 예수님은 자비로운 사랑의 마음과 눈길로 어린 양처럼 잠잠히 모든 것을 견디셨습니다. 그러자 놀라운 일이 일어났습니다. 예수님께서 그분의 능력과 위엄을 빼앗기고 마치 벌레처럼 가련한 모습이 되었을 때, 이 죽음으로부터 한 영원한 나라가 탄생하였습니다. 그의 백성들이 기대했던 권력의 왕국이 아니라, 사랑의 나라였습니다.

그분을 괴롭히던 사람들이 빼앗을 수 없었던 것이 하나 있었는데, 그것은 그분의 눈길로부터 나오는 사랑과 온유함과 그분의 침묵이었습니다. 우리를 사랑하셨고 항상 더욱더 사랑하셨습니다. 바로 여기에 왕 되심과 주 되심이 드러납니다. 예수님의 권세와 주권이 무너져 내린 그때에 바로 하나님의 진정한 왕권이 드러났습니다. 만왕의 왕이시오 사랑의 왕이심이 드러났습니다.

성경은 우리가 왕으로 부르심을 받았다고 말씀하십니다. 이 왕위도 예수님의 가시면류관과 연결되어 있습니다. 예수님과 함께 이런 모욕을 감당할 준비가 되어 있는 사람만이 하늘에서, 하나님의 보좌에서 가장 귀한 왕위의 영광에 참여하게 될 것입니다.

"참으면 또한 왕 노릇 할 것이요." (딤후 2:12)

예수님의 제자들이 얼마나 겸손해지는가에 의해 아버지 사랑의 나라가 시작될 수 있습니다. 왜냐하면 그 나라는 우리의 인격이나 은사의 능력이나 행위에 의하여 건설되는 것이 아니라 오히려 상하고 깨어진 심령 위에 건설되는 것이기 때문입니다.

예, 우리 주 예수님께서는 권세가 꺾이고 무너진 수난자로 가시면류관을 쓰시고 고난받으셨는데도 분명히 사랑하셨듯이, 사랑의 하나님 나라도 역시 분명히 임할 것입니다. 이 나라 역시 극심한 고난 중에 이루어질 것이며 사단의 반격에도 불구하고 결코 무너지지 않을 것입니다. 왜냐하면 사랑으로 이루어진 것은 영원하며 결코 파괴되지 않기 때문입니다. 또한 예수님과 함께 어린 양의 길을 가며 하나님과 사람 앞에서 자신의 죄를 자백하는 겸손한 적은 무리의 사람들로 이루어집니다. 그들은 예수님께서 왕이시며 사랑의 왕이심을 세상에 전하고, 또 언젠가는 아버지와 함께 그분의 나라를 유업으로 받게 될 것입니다.

깨어진 옥합에서 놀라운 나아드 향기가 퍼지듯, 예수님께서 가시 면류관을 쓰고 모욕을 당하실 때 그분의 본성의 영광과 아름다움이 드러났습니다. 예, 고난 당하신 하나님의 어린 양으로부터 아름다운 사랑의 향내가 넘쳐났습니다. 예수님의 본성은 그분의 낮아짐 속에서 자비로우셨으며, 모든 멸시와 배척 속에서도 사랑으로 넘치셨는데, 이는 우리의 죄된 참 모습을 더욱 드러냅니다. 이 예수님의 형상은 우리 인간 자녀를 압도해, 하나님을 닮은 사랑과 겸손의 형상으로 변화시킬 수 있습니다. 이 사랑과 겸손은 교만과 반항심을 이깁니다.

오 예수님, 당신을 경배합니다! 언젠가 하나님 앞에서 우리의 모습이 참으로 아름답게 빛나게 하기 위해, 당신의 거룩하고 신성하신 모습을 그토록 상하게 하셨습니다.
예, 주님은 우리에게 신성한 하나님의 형상을 얻게 하셨습니다. 우리의 얼굴은 당신의 나라에서 하나님을 닮아 마치 태양처럼 빛나게 될 것입니다.

가시면류관 쓰신 어린 양,
하늘도 침묵한 채
그분 앞에 깊숙이 드리우네.
하나님을 경배하는 그룹들도
이 광경을 보면서도,
결코 이해할 수 없어 하는 그 모습.

가시면류관 아래서,
극심한 고난 가운데서
사랑의 광채가 발하네.
이는 조롱보다 강하고
온갖 저주와 매임을 없애 주며,
화목하게 할 힘을 지니네.

주 예수님,

하늘의 아름다움과 기품으로 가득한 주의 모습을 경배합니다. 모든 천사들도 그 모습에 넋을 잃고, 그 빛으로 인간이 나음을 입습니다. 세상에서 가장 아름다운 거룩하신 당신께, 권능과 영광에 넘치는 왕관을 씌워 드렸어야 할 당신께, 인간이 당신을 보고 그 얼굴을 가릴 정도로 고통과 모욕을 받으신 주를 경배합니다.

고통과 아픔 중에도 오직 사랑과 자비를 베푸시고, 고난 받으시는 당신의 아름다움을 경배합니다. 우리는 사악함으로 때리고 침 뱉고 당신을 상하게 하였지만, 모욕하고 치는 자들을 주님은 오직 자비의 눈으로 바라 보셨습니다. 오, 당신을 경배합니다.

오 성령님, 당신은 모든 피조물이 사랑하고 영광을 돌려야 했을 거룩하고 아름답고 사랑스런 그분이 얼마나 업신여김을 당하셨는지, 제게 보여 주셨습니다. 예수님께 대한 뜨거운 사랑을 제게 허락하소서. 자신에 대해서는 침묵하고 오직 예수님께만 존귀와 찬양을 돌리는 그러한 사랑을 허락하소서. 이후부터 수치의 면류관을 쓰신 예수님의 고난을 이 사랑으로 감사드리게 하소서.

우리를 위하여 그토록 모욕과
조롱당하신 하나님의 아들,
가시면류관 쓰신 그분을 찬양하라!
온전한 사랑으로, 그 무서운 고통을
가시면류관의 고통을,
어떻게 견디셨는지 찬양하라!

그분의 승리를 찬양하기 위해,
만물이 어린 양 앞에 엎드려
하나님 앞에 자신을 낮추네!
가장 높으신 보좌에서
아들의 면류관이 빛나니,
사랑의 나라가 승리하였네!

오 예수님, 우리에 의한 조롱과 모독과 고통을 견디신 당신의 놀라운 사랑을 경배합니다. 당신은 우리가 잃어버렸던 존엄을 되찾게 하시고, 하나님의 나라의 한 가족으로 거할 권리와 보좌에 앉을 권리를 되찾게 하셨습니다. 하나님의 거룩한 성 입구에 더 이상 화염검을 든 천사가 우리를 막아설 수 없는 것을 감사드립니다.

　오, 하나님 아버지. 당신께 경배 드립니다. 우리를 위하여 가장 귀하신 분, 당신의 독생자를 온갖 멸시와 천대를 받게 하시고 주의 거룩하신 이름을 모욕하도록 내어 주신, 당신의 그 놀라운 사랑을 경배합니다. 우리가 잃었던 영광을 되찾게 하시고, 언젠가는 모든 천사의 찬미 가운데, 왕과 제사장으로 어린 양의 보좌에 함께 참여하는 영광을 누릴 수 있도록, 이 모든 일을 허락하신 우리 주 하나님 아버지께 감사드립니다.

많은 면류관을 쓰시고
모든 보좌 위에 계신 주,
당신의 영광이 크시나이다.
하늘이 주의 영광을 선포하고,
주의 피값으로 산 우리들의
찬양은 끝이 없나이다.

6. 십자가를 지고 가심

"그들이 예수를 끌고 갈 때에 시몬이라는 구레네 사람이 시골에서 오는 것을 붙들어 그에게 십자가를 지워 예수를 따르게 하더라. 또 백성과 및 그를 위하여 가슴을 치며 슬피우는 여자의 큰 무리가 따라오는지라. 예수께서 돌이켜 그들을 향하여 이르시되 예루살렘의 딸들아 나를 위하여 울지 말고 너희와 너희 자녀를 위하여 울라. 보라 날이 이르면 사람이 말하기를 잉태하지 못하는 이와 해산하지 못한 배와 먹이지 못한 젖이 복이 있다 하리라. … 또 다른 두 행악자도 사형을 받게 되어 예수와 함께 끌려 가니라."(눅 23:26-32)

나무 십자가 하나가
드높은 하늘 보좌로부터
거룩하신 하나님의 아들,
그 발 앞에 놓였네.

나무 십자가 하나가
세상을 창조하셨고 세상을 짊어지신
그분을 내리 눌러
바닥에 쓰러지게 하네.

나무 십자가가 높이 세워져,
그 위에 하나님의 아들이 달리우네.
그가 우리의 죄 짐을 지심으로
우리가 면류관과 보좌를 얻었네.

십자가, 승리의 증거

성경읽기 : 요한복음 19:14-17

"십자가의 도가 멸망하는 자들에게는 미련한 것이요 구원을 받는 우리에게는 하나님의 능력이라." (고전 1:18)

사람들은 예수님께 십자가를 지웠습니다. 예수님께서 십자가를 지셨고, 또 구원의 표적이 된 그 순간 지옥에서는 어떠한 광란이 일어났을까요? 예수님은 한 걸음 한 걸음씩 무거운 십자가를 지셨고, 십자가와 하나가 되셨습니다. 십자가를 지고 가시다가 드디어 그 십자가에 못 박히셨습니다. 세상 끝날까지 예수님은 바로 이 모습으로 알려지시고 사랑받으시고 미움 받게 되실 것입니다. 십자가는 영원한 상징, 구원의 표적이요, 지옥을 이긴 승리의 증거가 되었습니다. 예수님은 이것을 아셨기에 십자가를 지고 가셨습니다.

오늘, 그리고 언젠가 예수님께서 당신 백성들과 함께 이 세상에 다시 오셔서 승리의 진군을 하실 때, 누가 그분의 승리에 동참하고 싶어 하지 않겠습니까? 십자가와 하나가 되신 분과 십자가 안에서 사랑의 연합을 원치 않는 사람이 누가 있겠습니까? 십자가를 지고 간 독생자를 큰 사랑으로 바라보셨던 하나님 아버지, 이제 자신의 십자가를 지고 그분을 따르고 있는 사람들을 똑같은 사랑으로 바라보시는 하나님의 기뻐하심을 누구나 얻고자 하지 않겠습니까?

와서, 주를 따르라!
와서, 십자가를 지고!
와서, 주를 따르라!

오늘도 십자가를 지려는 자 아무도 없네.
그분의 간청을 듣고 오시오!
십자가 지는 자가 되어다오!

십자가를 즐겨 지고 가는 한 영혼을 발견하신다면,
주는 영원한 보좌와 면류관으로 보상하시리.

　　예수님은 "나 있는 곳에 나를 섬기는 자도 거기 있으리니"(요 12:26)라고 말씀하신 대로 사랑으로 제자들과 모든 것을 나누려 하시며, 그분과 함께 풍성한 열매를 맺도록 고난도 우리와 함께 나누고자 하십니다.

　　예수님을 사랑하기에, 함께 멍에를 지고 자신의 고난을 지고 가는 자들에게서 생명의 강물이 흘러납니다. 자신의 십자가를 지고 예수님을 따라간 한 사람을 통하여 수천 명의 사람들이 축복을 받을 수 있습니다. 이 얼마나 놀라운 가능성입니까? 누가 이 가능성을 놓치려 하며, "나의 멍에를 메어라."는 예수님의 간청을 거절하려 합니까?

사랑의 가벼운 멍에

"나는 마음이 온유하고 겸손하니 나의 멍에를 메고 내게 배우라. 그리하면 너희 마음이 쉼을 얻으리니 이는 내 멍에는 쉽고 내 짐은 가벼움이라 하시니라." (마 1 1:29-30)

겸손한 사람은 무거운 짐을 즐겨 집니다. 그러면서도 자신은 항상 너무나 과분하게 잘 지낸다고 생각합니다. 이와 반대로 교만한 사람은 요구 사항이 많으며 항상 좋은 것들만 차지해야 한다고 생각합니다. 마음이 겸손한 예수님이셨기에 십자가를 "내게 올려 놓으라 내가 기꺼이 지고 가리라."고 말씀하시고, 다른 사람들의 죄 짐을 짊어지셨습니다.

그러나 우리는 자신의 죄도 짐 지려 하지 않습니다. 우리가 상하고 겸손한 심령이었더라면 지고 갔을 것이며, 가장 어려운 길이라도 우리 죄로 인해 받을 만한 것으로 여겼더라면, 아주 가벼운 것이 되었을 것입니다.

그렇습니다. 우리의 죄 된 본성을 생각한다면, 가장 무거운 징계와 십자가도 가볍고 작은 것이라 여겨질 것입니다. 이때 우리는 다른 사람의 죄에 대하여 놀라거나 격분하며 판단하지 아니하고, 같은 저주 아래 묶인 자로 스스로를 겸손히 굽힐 수 있습니다.

우리가 진실하고 겸손하다면, 우리의 있는 그대로는 결코 하나님의 영광 가운데 들어갈 수 없음을 인정하지 않을 수 없습니다.

"자녀를 사랑하는 하나님 아버지, 저를 당신의 거룩함에 이르도록 십자가의 길을 통해 징계하시니 감사드립니다."(히 12:10)

하나님께서는 애초부터 "내 멍에는 쉽고 내 짐은 가볍다"고 하신 대로 우리를 인도해 오셨습니다. 그러나 교만한 우리는 하나님보다 더 잘 안다고, 하나님께서 지워 주신 짐이 너무 무겁다고 생각하곤 합니다. 따라서 우리는 이것을 지려 하지 않고 손에 올려 놓고 자꾸만 무게를 달아 봅니다. 그래서 그것은 정말 점점 더 무거워져, 결국은 너무 무거운 것이 되어 버립니다.

　　그러나 죄인인 우리가, 하나님의 사랑을 받는 자녀로서, 우리의 형제이자 신랑 되신 예수님과 함께 “예 아버지, 마음 중심으로부터 ‘예’라고 말씀드리니 제게 올려 놓으십시오, 제가 이것을 기꺼이 지겠습니다.”라고 하나님 아버지께 말씀드린다면, 이 “예.”라는 대답으로 하늘문이 열리고 은혜가 가슴으로 흘러 들어와, 고난을 짊어질 수 있도록 우리를 강건하게 해 줄 것입니다.

　　그리하면 우리는 고백하지 않을 수 없을 것입니다.

　　“당신의 멍에는 쉽고 당신의 고난의 열매는 달콤합니다. 이것은 분명 진실입니다.”

고난의 열매에 대한 기다림

성경읽기 : 요한복음 19:16-17

"한 사람이 포도원에 무화과나무를 심은 것이 있더니 와서 그 열매를 구하였으나 얻지 못한지라." (눅 13:6)

얼마나 적은 사람만이 십자가 안에 숨겨진 영광을 얻는지요! 그렇습니다. 하늘에 계신 아버지께서는 슬픔에 차 내려다보시며 묻고 계십니다.

"복 있는 자가 어디에 있는가? 고난 속에서 위로받는 자가 어디에 있는가? 고난의 어두운 밤에도 올무에 얽매이지 않고, 구원의 노래로 기뻐 외치는 참으로 구원받은 자가 어디에 있는가?"

그리고 예수님은 탄식하실 것입니다.

"이토록 적은 수라니, 내가 그 괴로운 고난을 통하여

그들을 구원하였건만, 그들을 위해 죽음에 이르는 고난
의 잔을 마심으로, 고난이 더 이상 그들을 죽음으로 이끄
는 것이 아니라 오직 복되고 새로운 생명으로 인도하게 하
였건만, 누가 나의 고난을 받아들이는가? 만약 받아들인
다면, 내 고난 속에 너희의 작은 고난이 가라앉게 될 텐데!
그때 너희들은 내 고난의 열매인 부활과 새롭고 복된 거룩
한 생명을 맛보게 될 텐데. ”

그러나 누가 자신의 작은 고난 중에, 모든 고난을 포함
하는 그분의 큰 고난에 대하여 생각합니까? 우리가 자신의
고난에 대하여 맴도는 수천 번의 생각으로부터 단 한 번만
예수님의 고난으로 향한다면, 그분의 측량할 길 없는 사랑
이 주님의 고난으로부터 우리에게 전하여져 옵니다. 왜냐
하면 그분은 우리를 위하여 고난받으셨고, 이 사랑이 바로
우리의 상처를 낫게 하며 우리의 마음을 위로해 주고, 복
된 사람으로 만들어 주기 때문입니다.

나의 주 예수님,
십자가에 담긴 고난과 영광을 당신에게서 볼 수 있
습니다. 주님의 십자가가 영광을 가져 왔기 때문입니
다. 그러므로 우리의 십자가를 당신과 연합하여 지고

간다면, 분명히 영광을 가져올 것입니다. 이제 주님을 바라봄으로, 나의 십자가가 얼마나 놀라운 영광과 변화를 가져올 것인지를 기억하고 찬양하게 하소서. 주께 영광 돌리고 많은 열매를 맺을 나의 십자가를 지고 갈 수 있도록 저를 강건하게 하시니 감사드립니다.

예수님을 통하여 십자가의 생명의 근원이 되었습니다. 우리의 십자가를 기꺼이 받아들이지 않기 때문에, 다른 사람을 향한 축복과 생명의 흐름이 그토록 빈약한 것입니다. 우리가 만약에 십자가를 거부한다면, 우리는 생명을 결코 탄생시킬 수 없는 죽은 자와 마찬가지가 됩니다. 우리는 단순히 생명의 물결 안에 있지 못할 뿐아니라, 묘지에 있는 자가 됩니다. 예수님께 대한 사랑이 있는 곳에 십자가에 대한 사랑과 넘치는 생명의 흐름이 함께 합니다.

나의 주 예수님,
오늘 저를 진리의 빛 가운데 서게 하셔서, 제가 살아오면서 얼마나 자주 당신이 허락하신 십자가를 거부하고 내던지거나 불평, 불만으로 마지못해 지고 왔는지 깨닫게 하소서. 오늘 저로 주의 음성을 듣게 하시고 당신께 끼쳐 드린 아픔을 보게 하소서. 제게 굳은 마음을 허락하지 마시고 이를 회개하도록 도와주소서.

십자가를 두려워하는 것으로부터 해방되고, 참된 통회와 회개의 눈물을 허락하시길 성령님께 기도합니다. "하나님은 없는 것을 있는 것으로 부르시는 이시니라"(롬 4:17)고 하신 당신의 말씀과 약속에 굳게 서게 하소서. 주님은 제게 없는 것, 십자가를 사랑하는 마음을 주실 것입니다. 당신의 죽음을 통하여 제게 이를 얻게 하셨고, 주님이 십자가를 지심으로 십자가에 대한 회피와 두려움을 극복하게 하셨습니다.

아버지 앞에서 자신을 낮추신 예수님

성경읽기 : 마가복음 15:20-22

"내가 붙드는 나의 종, 내 마음에 기뻐하는 자 곧 내가 택한 사람을 보라. 내가 나의 영을 그에게 주었은즉 그가 이방에 정의를 베풀리라. 그는 외치지 아니하며 목소리를 높이지 아니하며 그 소리를 거리에 들리게 하지 아니하며" (사 42:1 -2)

예수님께서는 십자가 아래에서 넘어져 땅에 엎드러지기까지 점점 더 깊이 자신을 숙이셨습니다. 우리의 십자가도 우리를 그렇게 낮아지게 만듭니다. 우리의 높고 교만한 마음이 티끌에까지 낮아지도록, 하나님은 십자가와 고난을 허락하십니다. 그러나 우리는 이를 거절하며 대부분 우리의 십자가를 내던져 버립니다.

그러나 한 분이 이를 담당하셨습니다. 이 세상에서 가

장 겸손하시기에 그 등을 굽힐 필요가 없었던 분이 십자가의 짐을 지고 가셨습니다. 바로 이 한 분 외에는 우리 중의 어느 누구도 하나님의 권능의 손 아래 우리를 낮출 수가 없었기에, 그분께서 우리를 위하여 이 일을 감당하셨습니다. 그래서 하나님의 손이 그분 위에 놓였습니다. 하나님 아버지의 나라에서처럼 그분을 아버지의 사랑으로 포옹하기 위해서도 아니요, "이는 내 사랑하는 자요 기뻐하는 아들이라"고 말씀하시던 때처럼 크신 사랑으로 보이지 않는 축복을 주기 위해서도 아닙니다. 이번에는 아주 다른 손으로, 마치 원수의 손길처럼 무겁고 낯설게 놓여졌습니다. 아니 그 이상으로 마치 원수가 그 발로 패배자를 밟아 누르며 "너는 죽은 몸이다"라고 위협하는 것과 같았습니다.

예수님께 놓여진 짐은 그분을 죽음에 이르게 할 만큼 무거운 것이었습니다. 이로써 우리가 그분과 연합한다면 이제 십자가는 생명과 축복의 나무가 될 것입니다. 예, 십자가는 생명나무가 되어 놀라운 열매들을 맺게 합니다. 인간이 새로운 피조물로 변화되고 하늘의 생명을 얻게 됩니다. 왜냐하면 십자가의 짐들은 이를 겸손히 지고 가는 사람들을 새 사람으로 만들어 주기 때문입니다. 십자가는 악한 옛 사람을 죽이고, 오래 참고 겸손하며 사랑이 많으신 어린 양이신 예수님의 형상으로 변화하게 합니다. 따라서

십자가 안에 이러한 축복이 숨겨져 있기에, 참된 축복을
원하는 사람은 십자가를 결코 피해서는 안 됩니다.

오, 십자가의 능력을 찬양하라.
고난 속에 열매 맺게 하고,
겸손하고 낮아지게 하네.

우리가 그 아래 굽힌다면
하늘나라는 활짝 열리고,
하나님의 아들을 닮게 하네.

주 예수님,
당신의 길을 통해 한 가지— 제가 십자가 아래 깊이
굽혀야 함을 가르쳐 주셨습니다. 주님은 마음이 겸손하
셨기에 우리가 항상 하려고 하지 않는 일, 하나님의 능
하신 팔 아래 자신을 굽히고, 십자가를 내던지는 대신
십자가의 짐 아래 티끌에까지 자신을 굽히셨습니다. 당
신께서 제게 십자가를 허락하실 때, 당연히 져야 할 죄
인으로서 자신을 굽힐 수 있도록 저를 도와주십시오.

제 십자가를 통해 제가 마땅히 있어야 할 자리인데
도, 결코 이르려 하지 않는 티끌에까지 낮아지게 하소
서. 거룩하신 하나님이 굽히시고, 죄인인 제가 이를 거
절하는 일이 있지 않게 하소서. 십자가를 지고 가시는
주의 형상을 제 마음에 새기게 하소서. 당시처럼 오늘
날도 제가 십자가 아래 굽히지 않아, 당신께 십자가를
지워 드릴 때 스스로 부끄러워하게 하소서.

참된 인간이며 참된 하나님이신 예수님

성경읽기 : 누가복음 23:26-32

"내게로 돌이키사 내게 은혜를 베푸소서. 주의 종에게 힘을 주시고 주의 여종의 아들을 구원하소서." (시 86:16)

예수님께서 어떻게 십자가를 지고 가셨는지를 통해 그분의 본성인 겸손과 의지의 헌신이 드러납니다. 그분은 위대한 순교자처럼도 아니고 능력과 권세로도 아니며 오직 십자가 아래로 넘어지는 인간의 연약함으로 십자가를 지고 가셨습니다. 그분은 우리 앞에서 겸손히 자신을 낮추셨습니다. 그분은 이 길을 결코 영웅적인 사건으로 이끌지 않으습니다. 모든 신적인 권능을 포기하신 채 가련함과 연약함 속에서, 그러나 온전한 헌신 속에서 십자가를 지고 가셨습니다. 이로써 그분의 겸손과 인자되심의 광채가 놀랍게 빛을 발합니다.

　쓰러지심으로 그분의 겸손은 더욱 빛을 발하였고 우리의 짐을 대신 지셨다는 명예마저도 빼았기셨습니다. 그리고 남은 명예마저도 주님의 십자가를 함께 지고 갔던 한 사람과 나누고 계십니다. 십자가를 지고 가시면서 예수님은 대단히 비참하고 낮아지셨습니다.

　그러나 그 낮아짐의 길은 바로 보좌로 인도하는 길이었습니다. 이제 우리 주 예수님은 상처를 입은 어린 양으로서 보좌에 계시며 그 분을 따라 겸손과 십자가의 길을 간 사람들에 의하여 둘러싸여 계십니다!

　주님께서 우리를 만나주시는, 십자가를 축복하지 않을 사람이 누가 있겠는가! 골고다의 십자가만이 아니라 모든 십자가와 고난 중에 주님이 우리를 만나 주시기에, 사도 바울처럼 "우리가 환난 중에도 즐거워하나니"(롬 5:3)라고 외칩니다.

우리를 사랑하시기에 십자가를 지심

성경읽기 : 요한복음 19:16-17

"여호와께서는 우리 모두의 죄악을 그에게 담당시키셨도
다."(사 53:6)

예수님은 우리를 구원하시려고 사랑으로 그분의 십자
가를 지고 가셨습니다. 이것은 우리의 죄 짐과 함께 우리
를 얼마나 크신 사랑으로 끌어안으셨는지를 영원히 말해
줍니다. 많이 상하고 쇠약해지셔서 십자가를 거절하고 물
리치실 수도 있었을 텐데, 예수님은 가능한 한 이를 굳게
잡으셨고 우리의 죄를 십자가에서 멸하기 위하여, 우리와
우리 죄 짐을 포옹하셨습니다.

예수 그리스도께서 우리를 사랑하시는지에 대한 의문
이 생길 때마다, 우리의 죄 짐을 끝까지 지고 가신 그분을

바라볼 필요가 있습니다. 그분은 억지로가 아니라 사랑과 겸손으로 모든 죄악의 짐을 나무 위에 달리신 그 몸에 담당하셨습니다. 그런데도 우리가 스스로의 죄 짐을 혼자 감당하면서 이로부터 자유할 수 없다고 생각한다면, 예수님께 계속 더 큰 고통을 안겨 드리는 것입니다. 예수님께서는 이 죄 짐을 진실로 완전히 지고 가셨습니다.

그분이 징계를 받음으로 우리가 평화를 누립니다. 이러한 믿음은 바로 자신의 행위로써가 아니라 예수님의 구원 사역을 신뢰합니다. 우리의 무거운 죄짐을 보면서, "그러나 여호와께서는 우리 무리의 죄악을 그에게 담당시키셨도다."라고 말하는 것을 의미합니다.

나를 위하여 주님이 고난을 택하시다니,
제가 당신을 계속 슬프게 해 드려
십자가와 뗄 수 없게 했나이다.
오 측량할 수 없이 깊은 사랑,
그 선하심과 은혜와 은총을
제 마음은 헤아릴 수 없나이다.
저의 죄악으로 말미암아
당신이 십자가의 길을 가시다니.

방관자와 제자

성경읽기 : 누가복음 23:26-28

"또 무리에게 이르시되 아무든지 나를 따라 오려거든 자기를 부인하고 날마다 제 십자가를 지고 나를 따를 것이니라. 누구든지 제 목숨을 구원하고자 하면 잃을 것이요 누구든지 나를 위하여 제 목숨을 잃으면 구원하리라." (눅 9:23-24)

예수님은 당시 구레네의 시몬처럼 억지로가 아니라, 사랑과 자유의지로 날마다의 짐과 십자가를 그분과 함께 지고 가자고 오늘도 간청하고 계십니다.

"나를 따라 오려거든 날마다 자기 십자가를 지고"

따라서 예수님은 "너희가 낮아짐과 겸손하게 함을 당하거든, 이를 받아들이라, 그리하면 높아지리라."고 하시지 않고, "자기 스스로 낮아지는 자는 높임을 받을 것이요.”라고 말씀하셨습니다. 또한 “너희에게 십자가를 지우거든”이라고 하시지 않고, “누구든지 자기 십자가를 지고”라고 말씀하셨습니다. 즉 예수님은 자발적인 헌신을 바라고 계십니다. 구레네 시몬처럼 억지로 짐을 지는 것이 아니라 스스로 십자가를 지고 사랑의 방법과 특징인 스스로 낮아질 준비가 된 사람들을 찾고 계십니다. 이러한 사람들만 예수님은 ‘제자’라고 칭하십니다. “자기 십자가를 지고 나를 좇지 않는 자는 내게 합당하지 아니하니라.”라고 말씀하시기 때문입니다.

그럼에도 불구하고 예수님은 그분의 교회에 참된 제자들보다도 방관자들만 많이 가지고 계십니다. 그들은 스스로 주님께 헌신하는 사랑이 부족합니다. 방관자들은 예수님께서 십자가를 지셨던 그때와 비슷하게 어느 정도까지는 길을 함께 갑니다. 그들은 예수님의 고난에 대하여 알고 있고, 아마 동정심을 가졌을지도 모릅니다. 그러나 그들은 거의 모두 방관자로 머물러 있습니다.

그러나 참된 제자들은 예수님께 대한 사랑으로 그분의 발자취를 좇아 십자가를 지고 그분을 따라갑니다. 왜냐하면 사랑은 사랑하는 사람과 함께 있으려고 하기 때문입니다. 그들은 그분과 동행할 수밖에 없으며 고난과 인내, 수모와 굴욕, 버림받음의 길을 함께 갑니다. 그들은 예수님께서 가셨던 바로 그 길을 따라갑니다. 그런데 가장 어렵던 그 길이 그들에게는 아주 쉬운 길이 됩니다. 사랑은 모든 것을 변화시키며, 사랑은 고난을 기쁨으로 변하게 합니다.

오, 들으라. 그분의 마음이 오늘도 고난을 받으시네.
아무도 십자가를 지려 하지 않아
오늘도 십자가 지는 아픔 받으시네.
오늘, 그분은 고통 받으시네.
모든 이의 십자가를 짊어지신 예수님을
그때처럼 오늘도 홀로 남겨 놓네.

예수님께서 십자가의 가시들을 없애 주셨는데도 불구하고, 우리가 십자가를 힘들어하며 우리의 삶을 마비시키는 힘으로 내리누른다면, 이는 우리에게 달려 있습니다. 우리가 어려움을 겪을 때 우리 자신이 아니라 하나님과 다른 사람들을 탓하기 때문입니다. 이로써 우리는 우리의 교만으로 하나님께 대한 장벽을 쌓게 됩니다. 하나님과 우리 사이의 수문이 닫히고, 십자가가 가져왔을 축복과 평화와 위로와 모든 영광이 우리의 마음으로 흘러 들어올 수 없습니다.

십자가가 예수님의 발 아래 던져졌습니다. "당신은 우리의 종이요, 당신은 우리의 짐을 지기에 적당하오."라고 하듯이 말입니다. 그리고 예수님은 마치 종인 것처럼 그렇게 행하셨습니다. 한 형제처럼 우리와 같아지셨고, 아니 우리의 발 아래 자신을 낮추셨습니다. 그렇지 않았다면 우리는 우리의 짐을 지고 갈 종을 발견할 수 없었을 것입니다. 이것은 우리 시대에 더욱 두드러진 특징입니다. 아무도 더 이상 다른 사람의 짐을 지며, 종이 되기를 원하지 않습니다.

한없이 무거운 죄 짐, 온 인류의 모든 죄 짐을 기꺼이 지고 갈 사람을 어디에서도 찾을 수 없었습니다. 어느 누가 이를 감당할 수 있었겠습니까? 그러나 이 짐은 거기 있었고, 오직 예수님께서만 지고 가실 수 있었습니다. 결국 우리 인간은 모든 짐을 지게 할 수 있는 한 분, 실제로 종이나 마찬가지인 한 사람을 발견한 것입니다.

오, 모든 짐 중 가장 무거운 짐,
바위보다도 무거운 짐,

내 모든 죄악이
주를 바닥에 내리 누르네.
당신의 마음 꿰뚫는 아픔으로
얼마나 큰 고난당하셨나,
이후로 내 영혼 기쁨과 축복을 맛보도록.

　　주 예수님,

　　어린 양처럼 잠잠히 참으며 세상 죄 짐을 지고 가신 당신을 경배합니다. 우리를 사랑하셔서 우리의 발걸음이 하나님의 나라로 향해 가도록, 그 무거운 십자가로 인해 땅에까지 굽히시고 고난의 십자가 길에 고난의 걸음을 내디디신 주님을 경배합니다. 우리가 교만하여 하나님의 능하신 팔 아래 우리를 낮추지 않기에, 주님이 십자가 아래 눌려 티끌에까지 낮아지셨습니다. 이제는 드높은 보좌에 앉으셔서 모든 천군 천사 위에 다스리시는 예수님을 경배합니다.

예수님 무거운 십자가를 끌고
골고다로 가시고 있네.

온갖 고난과 고통의 모습,
누가 그 의미를 알겠는가?
죄수가 받아야 하는 십자가를
하나님께서 직접 지고 가시다니,
수천 명의 무리 중 어느 하나
이 길을 만류하는 자 없네.

예수님, 예수님, 세상 죄 짐을
홀로 담당하신 분
우리 불쌍한 영혼을 긍휼히 여기사
우리 위해 이곳에 오셔서
십자가를 지고 가시네.
모든 이가 벗어 던진 십자가를
그들도 이제는 십자가를 질 수 있도록
모든 죄인을 위하여 지고 가셨네.

나의 주 예수님,
십자가를 지고 가신 당신의 길을 통해 제가 당신의
마음을 볼 수 있고, 주님의 강하신 고난에 대한 의지를
보여주신 것 감사합니다. 당신은 창세 이전부터 십자

가를 택하셨고 그 십자가를 지시고 고난을 받으시고자 하셨습니다. 우리 대부분의 인간들이 거부하는 고난과 고통을 당신이 택하시다니, 얼마나 우리를 사랑하셨고 또 지금도 사랑하시는지요!

자신을 위해서는 결코 고난을 택하실 필요가 없는 분, 전능하시고 한 마디 말씀으로 환난을 기쁨으로 바꾸실 수 있는 주님이 우리에 대한 사랑 때문에 고난을 택하신 것을 경배합니다.

예수님, 이 세상에 계실 때 병든 자를 치료하고 귀신 들린 자를 해방시키고 죽은 자를 살리시며, 가는 곳마다 참된 기쁨을 안겨 주셨던 당신을 경배합니다. 그러나 당신 자신은 흑암과 죽음의 길을 가셨고, 고난 중에서도 십자가에서 벗어나기 위해 단 한 마디의 권능의 말씀도 하지 않으시고, 오히려 이 세상 어느 사람도 겪은 일이 없는 무서운 고난을 끝까지 받으셨습니다. 오직 우리를 고난의 저주로부터 자유롭게 하고 축복받은 존재로 만들기 위해서 입니다.

이 헤아릴 수 없이 놀라운 당신의 사랑을 경배합니다. 십자가를 지고 가신 당신께 경배와 축복을 드리며, 어찌 제 십자가를 지고 주를 따르지 않을 수 있겠습니까?

십자가를 지신 예수님,
수없이 상처받으며
십자가의 길을 가시네.
자신의 고난은 아랑곳없이
십자가를 통해 우리에게 주실
지극한 축복만 생각하시네.

무거운 짐을 지신 예수님,
죄로 물든 세상을 위해
묵묵히 지고 가시네.
그 짐이 당신을 쓰러지게 해도
십자가를 피하려는 우리를
그 십자가로 구원하시네.

기쁨에 넘쳐 십자가를 지는 자
그분의 길을 따라가는 자
어린 양은 오늘도 찾으시네.
예수님께 대한 사랑으로
기꺼이 주님을 따를 자를
십자가를 지는 수많은 영혼을.

주 예수님,

저로 하여금 자기 십자가를 기꺼이 기쁘게 지고 주를 따라가는 자가 되게 하소서. 제가 십자가를 지고 가는 당신의 제자로 발견되게 하소서. 오늘 저를 당신께 속한 자, 십자가를 지고 가는 무리에 속하게 하소서. 왜냐하면 그들은 주의 십자가의 길을 기꺼이 따라가면서 또한 당신과 가장 깊은 사귐을 가질 수 있기 때문입니다. 저는 당신께서 계신 곳이면 어디나, 이 땅의 주님 십자가의 길이나 하늘의 주님 영광 가운데에서나 당신과 함께 하고 싶습니다. 저의 기도를 들어주소서. 당신께 대한 사랑이 날마다 더욱 커지게 하시고 십자가에 대한 사랑도 자라게 하소서.

오, 찬양하라. 하나님의 아들을
십자가의 길 가기 위해
드높은 보좌로부터 오셨네.
오, 십자가, 영광을 가져오네.
네 안에 하늘의 기쁨이 넘치리니
누가 너를 찬미하지 않으랴!

십자가를 사랑하도록 구원받았네.
십자가 지신 주님이 슬퍼하지 않도록
십자가를 피함은 더 이상 없으리.
십자가는 나의 근기,
나의 면류관, 가장 귀한 보화
이 십자가에 저를 헌신합니다.

주 예수님,

십자가를 지고 가시고 못 박히심으로 십자가를 피하는 저를 구원해 주신 당신을 경배합니다. 십자가 안에 구원이 숨겨져 있음을 주의 십자가로 제게 보여 주셨고, 제가 십자가를 사랑할 수 있게 하셨습니다. 당신께서 십자가에 달리셔서 "다 이루었다."라고 외치심으로, 모든 고난을 두려워하는 마음이 죽음에 내어 준 바 되고 당신의 승리를 믿는 사람들에게 십자가를 사랑하는 마음을 주셨습니다. 그리하여 당신은 우리에게 십자가 안에 숨겨진 보화를 찾는 길을 주셨고, 십자가가 가져오는 영광에 함께 참여할 수 있게 하셨습니다. 온 마음을 다해 주께 감사를 드립니다.

오, 축복의 십자가,
오, 거룩한 고난
큰 영광으로 가득 찬 십자가
하늘나라를 이 땅에 임하게 하네.
풍성한 축복으로 가득 차
숭고하고 거룩한 너, 십자가
누가 너를 찬미하지 않으랴?

오, 축복의 십자가,
오, 거룩한 고난
영광으로 우리를 인도하네.
낙원으로 향하는 열쇠인 너
너를 통해 우리는 예수님의 형상이 되고
우리의 갈망은 충족되리라.
하나님의 얼굴을 뵈오리.

오, 축복의 십자가
오, 거룩한 고난
황홀한 아름다움으로 가득 찬
하나님의 나라의 문을 활짝 연다네!
가장 고귀한 보화요

네 안에 빛난 영광이 있네.
십자가는 우리에게 면류관을 준다네.

　사랑은 예수님을 골고다까지 가게 하였습니다. 예수님은 그곳에서 이 세상을 위하여 십자가에서 죽으시기 위해 오셨습니다. 이것은 바로 그분의 뜻이었습니다. 예수님은 죽기 위하여 이 땅에 오셨습니다.

　사도 바울이 "죽는 것도 나의 유익이라."라고 썼을 때, 그는 예수님의 마음을 가졌습니다. 죽는 길을 통해 많은 영혼을 얻게 됩니다. 예수님께서 십자가를 사랑하셨던 것처럼 예수님의 제자들도 이 사랑으로 불타야 할 것입니다. 그러면 그들이 예수님의 영을 지니고 있다는 것을 알 수 있을 것입니다. 사도 바울은 "누구든지 그리스도의 영이 없으면 그리스도의 사람이 아니다"(롬 8:9)라고 말하고 있기 때문입니다. 이러한 십자가에 대한 사랑은 예수님의 제자들의 특징적인 표시입니다. 이로써 사람들은 그들을 예수님의 제자로 알아보게 됩니다.

십자가 지는 자 복된 고난
십자가로 영광으로 인도되고
십자가, 정금으로 가득하네.
십자가가 높으신 보좌로부터
축복의 물결을 가져오네.
십자가, 지복을 가져오네!

십자가 지신 예수 그리스도
그 은총 받고자 하는 자,
예수님과 함께 이 짐 져야 하리!
십자가 진 자, 귀하고 귀하다.
그 복된 선택을 찬양하라.
영광의 유업이 약속되었네.

7. 십자가에
못 박히심

　　"골고다 즉 해골의 곳이라는 곳에 이르러 쓸개 탄 포도주를 예수께 주어 마시게 하려 하였더니 예수께서 맛보시고 마시고자 하지 아니하시더라. 그들이 예수를 십자가에 못 박은 후에 그 옷을 제비 뽑아 나누고 거기 앉아 지키더라. 그 머리 위에 이는 유대인의 왕 예수라 쓴 죄패를 붙였더라. 이때에 예수와 함께 강도 둘이 십자가에 못 박히니 하나는 우편에, 하나는 좌편에 있더라. 지나가는 자들은 자기 머리를 흔들며 예수를 모욕하여 이르되 성전을 헐고 사흘에 짓는 자여 네가 만일 하나님의 아들이어든 자기를 구원하고 십자가에서 내려오라 하며 그와 같이 대제사장들도 서기관들과 장로들과 함께 희롱하여 이르되 그가 남은 구원하였으되 자기는 구원할 수 없도다. 그가 이스라엘의 왕이로다 지금 십자가에서 내려올지어다. 그리하면 우리가 믿겠노라. 그가 하나님을 신뢰하니 하나님이 원하시면 이제 그를 구원하실지라. 그의 말이 나는 하나님의 아들이라 하였도다 하며 함께 십자가에 못 박힌 강도들도 이와 같이 욕하더라. 제 육시로부터 온 땅에 어두움이 임하여 제 구시까지 계속되더니 제 구시 쯤에 예수께서 크게 소리 질러 이르시되 엘리 엘리 라마 사박다니 하시니 이는 곧 나의 하나님, 나의 하나님, 어찌하여 나를 버리셨나이까 하는 뜻이라. 거기 섰던 자 중 어떤 이들이 듣고 이르되 이 사람이 엘리야를 부른다 하고 그 중의 한 사람이 곧 달려가서 해면을 가져다가 신포도주를 적시어 갈대에 꿰어 마시게 하거늘 그 남은 사람들이 이르되 가만 두라 엘리야가 와서 그를 구원하나 보자 하더라. 예수께서 다시 크게 소리 지르시고 영혼이 떠나시니라. 이에 성소 휘장이 위로부터 아래까지 찢어져 둘이 되고 땅이 진동하며 바위가 터지고 무덤들이 열리며 자던 성도의 몸이 많이 일어나되 예수의 부활 후에 그들이 무덤에서 나와서 거룩한 성에 들어가 많은 사람에게 보이니라. 백부장과 및 함께 예수를 지키던 자들이 지진과 그 일어난 일들을 보고 심히 두려워하여 이르되 이는 진실로 하나님의 아들이었도다 하더라. 예수를 섬기며 갈릴리에서부터 따라온 많은 여자가 거기 있어 멀리서 바라보고 있으니 그 중에 막달라 마리아와 또 야고보와 요셉의 어머니 마리아와 또 세베대의 아들들의 어머니도 있더라." (마 27:33-56)

하나님이 죽음을 향해 가시네.
오 세상이여, 잠잠히 침묵할지어다.
모든 천군 천사들이 무릎 꿇고
엎드려 경배드리네.
깨어나라, 온 인류여
창조주께서 죽으러 가시네.
너희를 위해, 너희 죄인들을 위해
흑암과 고난을 택하시네.

깨어라, 깨어라. 오, 세상이여!
참담한 고난과 죄 짐으로부터
구원을 이루기 위하여
너의 창조주께서 죽으러 가시네.
온 세상이여, 무릎꿇고
그분 앞에 엎드리라.
모든 피조물들이여, 경배하라.
자기 자신을 희생제물로 드린 분께.

인류 역사의 중간에 하나님의 아들이 죽음의 길 가신
거룩한 날을 찬미하세.
하늘이 침묵하고 천사들이 그 얼굴을 가리우며
땅이 진동하고 모든 피조물이 탄식했던
그 거룩한 시간을 찬미하세.

생명 자체이시며, 만유의 창조주이신 당신께서
죄인들에게 영원한 생명을 주시기 위해,
죽음의 희생제물이 되신 그 시간을 찬미하세.

난폭한 인간의 망치질

성경읽기 : 누가복음 23:33-35

"악한 무리가 나를 둘러 내 수족을 찔렀나이다" (시 22:16)

하나님의 아들이 십자가 나무 위에 눕혀졌습니다. 십자가를 단단히 붙들고 끝까지 충성되게 지고 오셨던 그 십자가와 이제 완전히 하나가 되셔야 했습니다. 예, 죽임을 당하기 위해 그 위에 못 박히신 것입니다. 이제 새로운 고통의 도구가 나타나는데, 잡히실 때의 사슬과 채찍질 당할 때의 채찍, 그리고 가시면류관에 이어서 큰 못과 망치가 더해졌습니다.

이것들을 바라보실 때 예수님의 영혼에 어떤 전율이 스쳐갔을까요? 못 박힘이라는 잔혹한 고난이 아들을 덮쳐오는 것을 볼 때, 하나님 아버지의 마음에는 어떤 고통이 스쳐갔을까요? 사람들은 죽은 물체에다 못을 박으며, 감각이 없는 사물을 못으로 뚫습니다. 그러나 살아 있는 생명에게는 못이나 망치를 사용하지 않습니다.

그런데 하나님의 독생자이시며 인간의 창조주이신 인자는 생명 없는 물체보다 더욱 멸시당하며 더욱 난폭하게 다루어졌습니다. 인간이 그분의 손과 발에 거칠고 난폭하게 못을 박았습니다. 이 세상을 창조하셨고 다스리시는 그 손에, 언젠가는 전 우주와 모든 대적들이 그 앞에 엎드려야 할 그 발에!

그러나 이 일은 일어나야만 했습니다. 하나님의 아들의 손과 발에 구멍이 뚫리고, 잃어버린 세상을 구원할 속죄의 피가 흘러야 했습니다. 잃어버린 세상으로 구원의 피가 흘러 내리는 샘이 되도록. 내리치는 망치가 없었다면, 어떻게 피 흐르는 상처가 생겼을까요? 망치는 예수님이 죽임 당하신 어린 양으로 하늘 보좌에서도 지니고 계신 상처 흔적을 지니게 한 도구였습니다. 그 상처는 인간에게 구원이 베풀어진 증거였습니다. 그래서 하나님 아버지는 온 세상에 구원을 베풀게 되는 도구였던 망치질을 막을 수 없으셨습니다. 왜냐하면 그분의 마음은 인간 자녀들에 대한 사랑으로 넘치셨기에, 어떠한 값을 치르고서라도 아들의 상처로부터 구원의 피를 마시게 하기 원하셨습니다.

하나님 아버지와 아들과 성령께서는 창세 이전부터 저 주의 나무에 잔혹하게 못 박히는 일에 자신을 내어 주셨습니다. 하나님의 아들이 죽음에 이르는 상처를 받으셨고 생명을 대가로 지불하셨습니다. 이로 인해 인류는 생명을 얻게 되었습니다. 예수님의 상처로부터 하나님의 본성이 흘러나왔고, 믿음으로 주님이 보혈을 구하는 사람은 모두 하나님의 성품에 참여하게 되고 그 분의 사랑으로 구원을 얻게 됩니다.

오, 주님, 당신이 죽음의 시간에 말할 수 없이 큰 고난을 당하신 것으로 인하여 경배드립니다. 그때 당신의 팔과 다리는 얼마나 말할 수 없는 아픔으로 잡아당겨졌는지요! 죄인을 아버지의 품으로 돌아오도록, 주의 사랑으로 손을 내민 영원한 표적입니다.

제 구시에 고통으로 찢기워지셨고, 그 이후 모든 죄인을 영원한 구원에 이르도록 사랑으로 넘치는 그 마음을 경배합니다.

모든 고통 중에서도 당신의 피조물, 잃어버린 죄인들에 대한 사랑의 목마름으로, 그 거룩하신 입을 통해 "내가 목마르다"라고 외치셨던 주님을 경배합니다.

　오, 예수님, 죽어가는 하나님의 아들로서 당신의 승리를 "다 이루었다!"고 권능으로 선포해 주신 당신을 경배합니다.

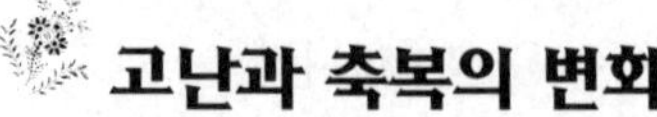

고난과 축복의 변화

성경읽기 : 마가복음 15:27 −28

"그리스도께서 우리를 위하여 저주를 받은 바 되사 율법의
저주에서 우리를 속량하셨으니 기록된 바 나무에 달린 자마다
저주 아래에 있는 자라 하였음이라." (갈 3:13)

예수님은 십자가에 달리셨고 이로써 율법에 의하면 저
주를 받은 자가 되셨습니다. 죄인과 범죄자에게 내려지는
모든 저주가 그분 위에 떨어졌습니다. 그분은 우리의 죄악
을 담당하셨습니다. 예, 그 분 자신이 죄로 여긴 바 되셨
습니다. 그리하여 정작 다른 이들이 받아야 했던 하나님의
저주가 율법대로 예수님께 떨어졌고, 다른 이들은 자유롭
게 되었습니다. 율법은 완전히 이루어졌고, 우리 죄인이
받아야 할 저주는 영원히 치러졌습니다. 우리에게가 아닌,

예수님의 몸에 말입니다.

그리하여 우리 죄인들은 저주를 받는 대신에, 하나님의 자녀로서 인정되어지는 은혜와 사랑의 축복을 누리게 되었습니다. 지옥에서 형벌과 저주를 받아야 마땅한 우리들, 하나님을 거역한 우리를 의롭다 하시고 하나님의 사랑과 영광의 나라로 들어갈 수 있게 하셨습니다. 왜냐하면 예수님께서 우리를 위하여 저주를 받으시고, 우리에게 의의 옷을 입혀 주셨기 때문입니다. 이 얼마나 놀라운 사랑입니까!

골고다! - 땅 위와 하늘에서 하나님의 사랑에 대한 찬미가 울려 퍼집니다. 죽음을 택한 사랑, 자신이 십자가에 못 박히신 중에도 한 강도를 자유롭게 하사 낙원으로 인도하시는 놀라운 사랑, 닫힌 지옥문을 여시고 죽음으로부터 자녀를 이끌어내시는 사랑 - 예, 이 사랑은 모든 사람이 아버지의 집으로 돌아올 때까지 쉴 수 없는 사랑입니다.

은혜를 베푸심

성경읽기 : 누가복음 23:39-43

"여호와여 주께서 죄악을 지켜보실진대 주여 누가 서리이까. 그러나 사유하심이 주께 있음은 주를 경외케 하심이니이다."(시 130:3-4)

우리를 위하여 십자가에서 고통 당하신 예수님을 바라볼 때, 어느 누구도 변명의 여지가 없습니다. 우리 모두는 함께 예수님을 죽음에 이르게 하였습니다. 그분의 십자가에 모든 죄가 총집결되었습니다. 나의 죄 역시 그곳에 주님께 치명적인 일격을 가했습니다.

그분의 십자가는 바로 우리 모두의 죄악을 고소하고 있습니다. 우리가 이 고소를 받아들이고 죄인으로서 십자가 앞에 엎드린다면, 우리의 모든 죄악을 대속하신 그분의 십자가를 통하여 구원을 얻게 됩니다.

그러므로 우리도 예수님을 죽게 하였던 무리 속에 속해 있다는 것을 깨닫고, 예수님께서 겪으신 무서운 고통의 모습 안에서 우리의 죄악이 얼마나 경악할 만한지 보아야 합니다. 그래서 우리의 삶 속의 모든 징계와 어려운 길 가운데, "제게 합당한 것을 받았습니다. 제가 죄인임을 자백합니다."라고 고백해야 할 것입니다. 그러면 예수님께서는 "오늘 네가 나와 함께 낙원에 있으리라."고 답해 주실 것입니다.

그러므로 십자가에 못 박히신 예수님을 바라보면서, 성령님의 비추임을 구하십시오. 그리하면 예수님을 십자가에 못 박게 한 우리의 죄를 깨닫게 되고, 죄를 용서 받는 은혜를 누리게 될 것입니다.

하늘이 몸을 숙여
이 참혹한 땅에 기우네.
나무 십자가가 세워지고,
아, 온 인류, 모든 죄인이
이 큰 죄를 인해 전율하리.
자비 넘치시는 하나님,
그분이 나무에 달리셨기에

오 거룩하신 계획이여,
하나님께서 죽음의 길을 가시다니
오 인류여, 이제 깨어나라!
하늘과 땅의 그 누구도
그런 환난을 보지 못했으니
십자가에 달려 죽으신
하나님의 어린 양의 고난을

오, 모든 죄인들아 탄식하라.
이 무서운 고난을!
하나님의 고통스런 죽음을,
너희는 전하는 자가 되어야 하리.
너희를 위하여 그분은
고난, 고문, 모욕과 조롱의 길을 가셨네.
너희들만은 그 고난의 열매가 되어야 하리.

사랑은 희생을 끝까지 이룸

성경 읽기 : 마가복음 15:29-32

"지나가는 모든 사람들이여 너희에게는 관계가 없는가 나의 고통과 같은 고통이 있는가 볼지어다 여호와께서 그의 진노하신 날에 나를 괴롭게 하신 것이로다."(애 1:12)

죽음은 밤이요 떠남이며 이별이고 모든 것의 종말입니다. 죽음이 예수님께는 다른 세상에 오셔서 33년 동안 함께 지냈던 인간 자녀들로부터의 이별을 의미했습니다. 그런데 이 이별은 어떠했습니까? 그 분의 백성들은 이 이별에 대하여 한 방울의 눈물도 흘리지 않았습니다. 가까운 사람들 몇 이외에는 다른 세상에서 오신 가장 사랑받을 만한 이 손님이 죽음으로 이별하게 되는 것을 아무도 애석해 하지 않았습니다. 그와는 반대로 오히려 빈정대는 목소리로 "네가 너를 구원하여 십자가에서 내려오라"는 외침만 가득하였습니다. 이것이 바로 주님께 대한 그 백성의 작별 인사였습니다.

하나님의 아들은 이렇게 그분의 백성들로부터 떠나셨습니다. 그때 분명히 주님의 영혼은 어두운 밤이었을 것입니다. 그분의 사랑이 인간 자녀들 위에 강물처럼 쏟아 부어졌습니다. 그리고 죽음의 시간이 왔습니다. 영혼이 가장 민감해지는 그때, 사랑에 대하여 주리고 목 말라 하는 이때에 증오에 찬 대답은 치명적인 타격을 줍니다. 그러나 예수님의 사랑은 지옥의 증오보다도 더욱 강하기에, 죽임을 당하지 않았습니다. 사랑의 힘은 결코 이길 수 없다는 사실이 알려졌습니다.

인간들은 이 사랑에 대적하여 온갖 가능한 무기들을 모두 동원하였습니다. 그들은 배반하고 비방하며 버리고 실망시키며 증오하였습니다. 그들은 모욕하고 사랑을 조롱하며 사랑에 죽음의 선고를 내렸고 무거운 십자가를 지게 하였습니다.

그러나 사랑은 그를 파괴하려고 덤벼드는 대적들보다 더욱 강했습니다. 사랑은 그 대적들을 모두 사로잡았고 인간들이 사랑을 치면 칠수록 더욱 거룩하고 찬란한 승리의 빛을 비추었습니다.

그리하여 사랑이 치명적인 타격을 받는 그 순간에, 사랑은 생명으로 부활한다는 것을 지옥은 맛보아야 했습니다. 왜냐하면 사랑은 참된 생명, 하나님의 생명이며 머리되신 예수님에게서나, 오늘날 그분의 몸 된 지체들 가운데서나 결코 죽지 않는 생명이기 때문입니다.

오, 누가 이 비밀을 깨닫는가? 모든 이의 생명을 의미하기에 사셔야 했을, 영원하신 사랑, 예수님께서 조롱과 모욕과 고통과 고난 속에서 죽으셔야 했던 비밀을! 그러나 죽음 속에서 이 사랑은 부활하였습니다. 그렇습니다. 사랑은 죽음으로서 놀라운 권능을 얻게 되었습니다. 이 사랑을 통하여 죄인들이 십자가 앞에 엎드리게 되고, 십자가의 사랑에 사로잡혀 나아가 스스로 이 사랑의 사도들이 되어 갑니다.

주 예수님,
당신은 십자가에서 모든 사람들을 포용하는 사랑의 형상이 되셨습니다. 그 사랑은 친구와 원수를 포용하고 죽음과 지옥보다 더 강하며, 죽으심으로 그 크신 능력을 증거 하셨습니다. 당신은 다른 어떤 것이 아닌, 사랑을 위하여 저를 구원하셨습니다. 이제 저는 당신의 십자가를 바라보며 영원한 사랑이신 주님께 저를 드리나이다. 내 이웃뿐만 아니라 나와 관계가 먼 사람까지 모든 이들을 포용하는 사랑, 내 친구들과 마찬가지로 내 원수도, 나의 교회의 지체들뿐만 아니라 다른 교회나 교파들까지도 다 포용하는 그러한 사랑, 어떠한 장애 앞에서도 멈추지 아니하며 결코 포기하지 않는 사랑을 위하여 저를 헌신합니다. 왜냐하면 이 사랑은 당신의 마음으로부터 제게 부어진 것이기 때문입니다.

희생으로 인해 하나 되는 십자가

성경읽기 : 마태복음 27:46-52

"내 하나님이여 내 하나님이여 어찌 나를 버리셨나이까. 어찌 나를 멀리하여 돕지 아니하시오며 내 신음 소리를 듣지 아니하시나이까. 이스라엘의 찬송 중에 계시는 주여 주는 거룩하시니이다." (시 22:1, 3)

예수님은 우리를 위하여, 우리 죄인들을 위하여 하나님 아버지로부터 버림받으셔야 했습니다. 이로써 우리가 다시 아버지와 화목하게 되어 낙원으로 들어갈 수 있게 된 것입니다. 아버지와 아들 중 누구의 아픔이 더 컸을지, 누가 말할 수 있겠습니까? 그것은 하나의 아픔이었습니다. 아버지와 아들이 한 분이셨기에, 떨어져 있어도 똑같은 고통을 당하셨습니다.

하나님 아버지께서 스스로 얼굴을 가리우고, 아들을 마치 버린 것처럼 행하실 수밖에 없었습니다. 그리고 버림받은 아들의 고통을 바라보면서 고통을 당하셨습니다. 그리고 아들은 버림받은 고난 가운데서 아버지를 더 이상 이해할 수가 없으셨습니다.

이는 바로 어두움이요, 지옥의 고통으로 가득 찬 밤이었습니다. 왜냐하면 하나님께서 하나님께로부터 분리되어 죽으셨기 때문입니다. 항상 삼위일체 하나님을 경배해 오던 하늘은 이 고난으로 떨며 전율했습니다. 그러나 하나님 아버지와 아들이 분리되는 그때에 성소의 휘장이 찢어지고, 하나님과 인간 사이의 화목이 비로소 이루어진 것입니다.

주 예수님, 당신을 경배합니다.
우리를 위해 하나님의 진노를 담당해 주신 그 놀라운 사랑을 경배합니다. 우리는 하나님과 영원히 분리된 채 지옥의 타는 불길 속에서 지옥의 왕의 희생물이 되어야 마땅했을 것입니다. 그렇습니다. 주님께서 십자가 상에서 지옥의 고통을 당하셨기에 저희가 영원히 이 지옥으로부터 벗어나게 되었습니다.

우리를 위하여 그 모진 죽음을 당하셔야 했던 사랑이신 당신을 경배합니다. 이로써 우리는 주의 나라에서 영원하신 하나님의 생명에 참여할 수 있게 되었습니다.

우리가 지금부터 영원까지 아버지의 사랑으로부터 결코 떠나지 않도록, 그 극심한 고통을 당하기 원하신 사랑의 주님을 경배합니다.

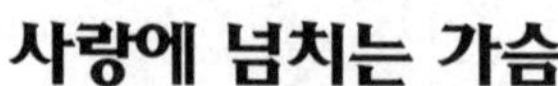

사랑에 넘치는 가슴

성경읽기 : 요한복음 19:33-37

"모든 것을 참으며 모든 것을 믿으며 모든 것을 바라며 모든 것을 견디느니라. 사랑은 언제까지나 떨어지지 아니하되 예언도 폐하고 방언도 그치고 지식도 폐하리라."(고전13:7 -8)

예수님께서 돌아가셨을 때 예수님의 가슴은 창으로 찔렸고 그 상처로부터 피를 쏟으셨습니다. 그분을 쳤던 이 상처로부터 구원이 흘러 나왔듯이, 그분의 상처받으신 영혼으로부터 다만 사랑과 자비로운 말씀만 흘러나왔습니다. "아버지여, 저희를 사하여 주옵소서. ", " 오늘 네가 나와 함께 낙원에 있으리라. ", "보소서, 아들이니이다!", "보라 네 어머니라!"

어떠한 마음이 여기서 찔리우셨는가요? 그분의 한량없

이 깊은 자비로운 마음이 찔리셨습니다. 이 마음은 괴롬과 아픔으로 상처를 입으면 입을수록, 그리고 찢길수록 원망이 아니라 사랑과 자비가 더욱 더 넘쳐흘렀습니다.

예수님의 영혼이 깊이 상처입고 실망하셨을 그때, 그 입에서 흘러나오는 말들을 들은 하늘마저도 조용히 경배하면서 서 있을 수밖에 없었습니다. 천사들도 상상을 초월한 고통스런 죽음의 순간에도 모든 것을 참고 견디는 사랑의 힘에 놀라 그들의 창조주 앞에 울면서 엎드렸을 것입니다. 하나님 아버지의 마음은 아들이 겪는 고난에 대해 고통과 슬픔으로 가득하여 그 어느 때보다도 더욱 사랑으로 가득 차 "너는 내 사랑하는 아들이요, 내 기뻐하는 자로다"라는 말씀이 울려 퍼졌을 것입니다.

사랑이신 그분이 죽으셨고 피 흘리셨습니다. 그 찔린 상처로부터 사랑이 수천 배나 흘러나와 증오와 죽음의 세상을 변화시키고, 증오에 찼던 사람들이 사랑하는 사람들로 변화될 수 있도록 구원하셨습니다.

오, 영원하신 생명으로 충만하신 예수 그리스도
우리를 죽음에서 구하기 위해, 우리 위해 죽으셨다네.
오, 비할 데 없는 그 사랑이여!

당신이 무덤을 택하시고 죽음의 길 가심으로
당신의 피 흘리신 상처로부터
우리에게 영생을 주셨네.

오, 예수 그리스도!
누가 당신의 큰 사랑을 아는가?
당신을 비참함과 고난으로 이끈 사랑을
오, 주님을 그 무엇보다 사랑하시오!
고난 받으신 그분 사랑 무엇과도 비길 수 없네.
이 사랑이 우리를 본향으로 인도한다네.

고난 속에서 가장 찬란히 빛나는 사랑 

　　"사랑은 죽음같이 강하고 질투는 스올같이 잔인하며 불길같이 일어나니 그 기세가 여호와의 불과 같으니라. 많은 물도 이 사랑을 끄지 못하겠고 홍수라도 삼키지 못하나니 사람이 그의 온 가산을 다 주고 사랑과 바꾸려 할지라도 오히려 멸시를 받으리라"(아 8:6-7)

　　예수님의 십자가는 모든 사람이 침묵해야 할 정도로 참혹한 것이었는데도 불구하고 왜 그토록 자주 찬양되고 노래 불려질 수 있을까요? 무엇이 그분의 고난에 아름다움을 부여하였을까요? 그것은 사랑, 바로 사랑입니다! 사랑이 고난 받으시는 예수님의 얼굴에서 비치었고 십자가에서 죽으시며 하신 말씀들 안에 사랑이 울려 퍼졌고 사랑이 그분을 부인한 제자를 바라보는 눈길에 담겨 있었습니다. 옛날 대화가들이 그린 것처럼 예수님의 좌우에 있는 십자가에 달린 두 강도가 일그러지고 뒤틀린 사지와 몸부림으로 묘사되어 있는 반면에 예수님은 십자가에서 몸을 고통에 조용히 내어 맡기고 계시며 사랑이 그 분께로부터 흘러나오고 있습니다.

예수님의 사랑이 얼마나 크셨기에 말로 다 할 수 없이 무서운 고난도 그 사랑을 끄지 못하였을까요? 아니 끄기는커녕 모든 고난을 다 이겨내고 모두가 다 볼 수 있는 강한 사랑이었습니다.

"고난 속에는 거짓이 없다"라는 격언이 말해 주듯이 고난 가운데서 영혼의 본질이 드러나게 됩니다. 예수님의 본질은 바로 사랑이었습니다. 이 사랑은 아무도 본 적이 없는 순수함과 깊음, 아름다움과 강함으로 빛나고 있습니다. "그 아들의 형상을 본받게 하기 위하여 미리 정하였으니"(롬 8:29)라고 성경에 기록되었듯이, 이 사랑을 위하여 예수님께서 십자가에서 우리를 구원해 주셨습니다. 그러나 그의 사랑을 나타내는 자, 그의 형상을 닮은 자가 어디에 있습니까?

오, 애통하라! 죄 된 세상이여.
십자가가 이 땅에 섰도다!
해와 달과 별들아 탄식하라.
너희 빛 가리우라.
하늘의 빛이신 분이
그 광채를 잃으셨으니
생명이신 하나님이 죽으셨도다.
무서운 고난을 받으시면서!

통곡하라, 인간이 물리쳐 버린
이 세상의 창조주를 위해 울라.
아, 누가 그 죄악을 측량하리오.
보라, 세상과 그들의 죄를 인하여
그가 십자가에 달리셨도다.
그러나 그분의 고통과 죽음, 고난이
오직 주의 사랑을 외치는구나.

골고다의 십자가, 참된 기쁨의 샘

성경읽기 : 마태복음 27:54-56

"내가 또 보니 보좌와 네 생물과 장로들 사이에 한 어린 양이 서 있는데 일찍이 죽임을 당한 것 같더라."(계 5:6)

십자가의 예수님은 이제 사랑의 표상이 되었고 모든 사람들은 이에 사로잡혀 세상에서 승리의 행진에 들어섰습니다. 이는 십자가에 못 박힌 사랑의 형상이며 죽임을 당한 어린 양의 모습이었습니다. 맞아도 저항하지 아니하며 고난을 받으나 위협하시지 않고 오히려 사랑하고 사랑하며 또 사랑하였습니다.

이는 지옥에까지 그 빛을 비추이며 죽음에 사로잡힌 자녀들을 일깨우고 하늘에서는 영원히 경배받으시는 그런 놀라운 힘이요 빛의 능력이며 아름다우심입니다.

이 얼마나 놀라운 비밀입니까? 십자가가 구원과 축복을 낳다니요! 고난이 기쁨을 낳다니요! 이 세상의 어느 것도 예수님의 고난과 죽음만큼 놀라운 축복을 가져오지 못합니다. 얼마나 많은 사람들이 골고다의 십자가 아래 은총 입은 죄인으로 엎드렸으며 구원받고 하나님의 자녀로 새로 태어나 이 세상의 어떤 기쁨과도 비교할 수 없는 기쁨의 환희로 넘쳤는지요! 그렇습니다. 예수님의 십자가는 형용할 수 없는 기쁨의 샘입니다. 고난으로부터 구원이 흘러나오고 많은 이들에게 구원과 구속, 그리고 축복을 가져옵니다.

오, 은혜의 십자가, 영광의 십자가!
온 세상을 두루 비추이네.
우리가 사랑 받고 있음을 전하네.
하나님 아버지가 죄인들을 용서 하셨음을,
아들 안에서 구원 받았음을 알리며

고난의 잔을 비우심

성경읽기 : 요한복음 19:18-22

"오직 우리가 천사들보다 잠시 동안 못하게 하심을 입은 자 곧 죽음의 고난 받으심으로 말미암아 영광과 존귀로 관을 쓰신 예수를 보니 이를 행하심은 하나님의 은혜로 말미암아 모든 사람을 위하여 죽음을 맛보려 하심이라. 그러므로 만물이 그를 위하고 또한 그로 말미암은 이가 많은 아들들을 이끌어 영광에 들어가게 하시는 일에 그들의 구원의 창시자를 고난을 통하여 온전하게 하심이 합당하도다." (히 2:9-10)

예수님이 십자가에 달리셨습니다. 이 땅에서 걸어오신 그분의 고난의 길이 끝이 난 것입니다. 주님은 지금까지 모든 고난 처소에서 받으셨던 고난을 다시금 한꺼번에 십자가상에서 받으셨습니다. 겟세마네에서 최초로 맛보셨던 하나님으로부터 버림받음이 십자가에서 최고에 달하게 되었습니다. 묶이신 고난은 십자가에서 묶이셨을 뿐 아니라 못질까지 당하심으로 그곳에서 죽음을 당하시게 되었습니다. 가시면류관과 조롱의 고난 역시 십자가 상에서도 당하셔야 했고 가시관을 쓰시고 그 머리를 깊이 숙이신 주님께 고통을 배가하였습니다.

가시면류관을 쓰실 때부터 시작되어 따라온 조롱의 외침들도 죽음의 시간까지 계속되었습니다. 그리고 그분이 지고 오셨던 십자가는 이제는 그분의 등에 놓인 짐이 아니라 그 십자가에 못 박혀 피 흘리시며 매달려 계셔야만 했습니다. 그분의 머리 위편에는 재판 받으실 때부터 그분을 따라온 죽음의 선고가 붙어 있었습니다. 바로 "유대인의 왕"으로, 불법으로 유대인의 왕이 되려고 했다는 이유였습니다.

이처럼 각 고난처에서 받으신 고난들은 예수님을 끝까지 따라왔고 더욱 가중되었습니다. 이제 마지막 고난이 그분을 지배하였습니다. 바로 죽음이었습니다. 그분의 사랑의 구속 사업이 완성되기 위해서는 고난의 잔이 차야만 하였습니다. 모든 고난이 총집결한 십자가에서의 예수님의 고난은 우리에게 한 가지를 말씀해 주십니다. 사랑은 결코 정복되지 않으며 이 지상에서 가장 강한 힘으로 모든 것보다 강하며 어떤 고난도, 십자가에서의 죽음까지도 사랑을 이길 수 없다는 것입니다. 그렇습니다. 예수님은 사랑이시기에 십자가에서 죽으심 후에 부활이 따라올 수밖에 없습니다. 왜냐하면 사랑은 죽을 수 없기 때문입니다. 그리고 사랑 안에 거하는 자는 하나님 안에 거하고 이로써 하나님 자신이신 영생을 누리게 됩니다.

십자가에 못 박히심은 하나님의 아들의 영과 혼과 육에 받으신 모든 고난과 고통의 최고 정점이며 "하나님은 죽었다"고 하는 지옥과 원수의 승리입니다. 그러나 보십시오. 이 끝은 바로 시작이며 죽음에서 생명이 탄생하며 한밤중에 새벽이 시작하듯 사랑이 죽음을 헤치고 승리의 영웅처럼 승리의 행진을 합니다. 왜냐하면 유다 지파에서 나온 사자, 하나님의 어린 양이 사망을 이기셨기 때문입니다.

오, 예수님! 당신이 완성하신 구원을 경배합니다. 고난과 고통을 통해 이루시고 죽임을 당하신 어린 양으로 당신이 십자가에서 완성하셨습니다.
온 인류를 사단과 죽음의 권세로부터 자유롭게 하고 모든 것을 포용하는 영원하고 확실하며 완전한 구원의 높이와 깊음과 넓이를 경배합니다.

8. 고난의 안식일

"공회 의원으로 선하고 의로운 요셉이라 하는 사람이 있으니 (그들의 결의와 행사에 찬성하지 아니한 자라) 그는 유대인의 동네 아리마대 사람이요 하나님의 나라를 기다리는 자라. 그가 빌라도에게 가서 예수의 시체를 달라 하여 이를 내려 세마포로 싸고 아직 사람을 장사한 일이 없는 바위에 판 무덤에 넣어 두니 이 날은 준비일이요 안식일이 거의 되었더라. 갈릴리에서 예수와 함께 온 여자들이 뒤를 따라 그 무덤과 그의 시체를 어떻게 두었는지를 보고 돌아가 향품과 향유를 준비하더라. 계명을 따라 안식일에 쉬더라." (눅 23:50-56)

안식일의 평화가 준비되었네.
오늘 그리고 영원히
하나님의 아들이 쉬고 계시기에
모든 마음들은 고요해지네.
하나님의 뜻을 따라 쉬고 있네.
예수님은 무덤 안에 계시네.

하나님의 아들이 고통 끝에 쉬고 계시네.
상처들은 고난을 아직 얘기하고 있고
상처에 남은 아픔의 흔적들이
안식의 기쁨을 아직 흐리우네.

그러나 축복의 부활이
안식일 평화를 따라온다네.
무덤을 헤치고 승리의 개가를 울리며
하나님의 아들이 죽음의 문을 열고

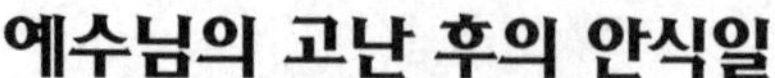

예수님의 고난 후의 안식일

성경읽기 : 누가복음 23:50-56

"하나님이 그가 하시던 일을 일곱째 날에 마치시니 그가 하시던 모든 일을 그치고 일곱째 날에 안식하시니라. 하나님이 그 일곱째 날을 복되게 하사 거룩하게 하셨으니 이는 하나님이 그 창조하시며 만드시던 모든 일을 마치시고 그날에 안식하셨음이니라." (창 2:2-3)

안식일, 하늘나라의 고요였습니다. 하나님께서 엿새 동안 세상을 창조하시고 쉬셨던 그때와는 다른 안식일이었습니다. 하나님의 또 다른 일, 구원의 역사가 완성된 안식일이었습니다. 안식일, 하늘나라의 휴식이었습니다. 천군천사들이 그들의 창조주와 함께 고통당하고 그분의 고난으로 인하여 울며 탄식했던 그 큰 사건 이후의 휴식이었습니다.

안식일, 치열한 싸움과 큰 고통을 지나온 사람만이 이 말이 무엇을 의미하는지 알 수 있습니다. 어떠한 고통도 하나님의 아들이 인간으로서 또 하나님으로서 고난의 기간 중에 견디셔야 했던 고통과 비교할 수 없습니다. 그러므로 어떠한 영혼도 주님처럼 안식일을 경험할 수 없었을 것입니다.

안식일, 창조의 기쁨으로 이루어진 것이 아니라 창조주의 고난으로 완성되어진 것입니다. 왜냐하면 그분의 사랑이 일그러지고 잃어버린 피조물들을 향하셨고 그들에게 창조주의 고귀한 형상을 다시 새기시려 하셨기 때문입니다.

고난 후의 안식일 — 하늘 보좌에서가 아니라 무덤에서 보내신 안식일, 그럼에도 불구하고 안식일! 예수님의 생명의 희생으로 이루어진 그 역사, 이 세상의 구원이 완성되었습니다.

안식일 — 누가 듣는가?
고난의 쓰라림 속에서도
찬양을 드릴 수 있는 자라오.

안식일 — 너 달콤한 곡조여,
하나님 아들에게 드리는
낙원으로부터의 인사

안식일-무엇을 가져왔는가?
죽음의 투쟁 후 휴식을,
고통과 싸움 후에 평화를

안식일, 너는 깊은 죽음의 밤 후에
구름 사이를 뚫고 비치는
한 줄기의 빛이어라.

주 예수님, 영원한 평화의 나라를 떠나 이곳에 오셔서 조금도 안식을 누리지 못하시고 피 흘리기까지 싸우시며 십자가의 길을 가신 당신을 경배합니다. 당신께서 가신 죽음의 길이 구원의 안식일을 시작하게 한 것을 찬양합니다.

이제 저희로 싸움이나 십자가 고난을 두려워하거나 회피하지 않고 치열한 싸움 후의 안식일의 평화를 누릴 수 있게 하소서. 저희로 당신의 참된 제자가 되게 하사, 사단과 혈과 육에 대항한 싸움을 용감히 싸우고, 자신의 생명마저도 죽음에 내어 주는 사람들에게 허락하시는 당신의 평화에 참여하게 하소서.

주님께서 먼저 앞서 가시며 그 길을 열어 주신 것

을 감사드립니다. 그리하여 언젠가는 평화의 도성 예
루살렘으로 들어가 이기는 자에게 주시는 승리의 면류
관을 받아쓰고 그곳에서 영원한 안식을 누리며 하나님
의 평화 가운데 거하게 하소서.

십자가의 길이 끝나고
흑암의 어둠도 거두어지니
험한 십자가와 고난의 길 뒤의
안식일의 평화가 열리네.

치열한 싸움도 끝이 나고
그 열매와 영광이 따르리.
무서운 고통 후에, 예수님이
하나님의 안식에 들어가시네.

낙원의 평화가 고요히
예수님께 드리워지고
하늘도 자신을 숙여
천국의 향취로 무덤을 채우네.

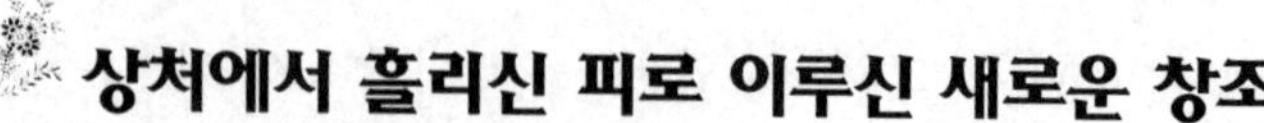

상처에서 흘리신 피로 이루신 새로운 창조

성경읽기 : 요한계시록 5:9-13

"하나님이 지으신 그 모든 것을 보시니 보시기에 심히 좋았더라."(창 1:31)

"보좌에 앉으신 이가 이르되 보라 내가 만물을 새롭게 하노라 하시고 또 이르시되 이 말은 신실하고 참되니 기록하라 하시고"(계 21:5)

하나님께서 천지를 창조하시고 "심히 좋았더라"라고 하신 것처럼 독생자의 고난으로 구원 사역이 완성되었을 때 또한 "심히 좋았더라"라고 하시지 않았겠습니까? 그토록 어려운 고난의 싸움을 마치고 온통 상처로 뒤덮인 채 쉬고 계신 아들에게 하나님 아버지는 "내 아들아, 모든 것이 완성되었다. 심히 좋구나"라고 거듭거듭 말씀해 주셨을 것입니다.

그렇습니다. 주님은 모든 이를 구원하셨고 모두를 의롭게 하셨습니다. 옛 피조물들을 회복시키셨을 뿐만 아니라 옛 것을 훨씬 능가하는 낙원을 이룩하셨습니다. 주님의 상처에서 흘리신 피로 거룩한 하나님의 성을 이룩하신 것입니다. 그곳에는 다섯 군데의 상처를 지닌 어린 양께서 빛을 발하고 계십니다(계 21:23).

오, 하나님이 피 흘리심으로 완성된 피조물들의 영광, 그 혹심한 고난의 댓가로 피조물은 형언할 수 없는 찬란한 광채를 발할 것입니다.

그러나 하늘과 새 땅의 만물보다 상처를 지니신 하나님, 어린 양은 더욱 밝게 빛날 것입니다. 그리고 주님의 고난의 길을 주님과 함께 걸어간 제자들도 또한 하늘나라의 영광 가운데 그분과 함께 빛을 발하며 하나님 아버지의 나라에서 해처럼 빛날 것입니다.

나의 예수님이 무덤에서 쉬고 계시네.
상한 눈을 감으신 채
원수의 외침들도 사라지고

세마포에 싸여 쉬고 계시네.

나의 예수님이 수난 다 치르시고
고난 받은 머리를 숙이고
고요한 무덤 안에서
고통으로부터 쉬고 계시네.

이제 그 분께 모든 휴식 드리세.
상처에 기름 바르고 싸매고
무덤 앞에 엎드려 경배 드리세.
부활의 날이 이르기까지

붉게 물드는 상처를 애통해하며
그 괴로운 죽음을 탄식하여라.
통회의 눈물 향유가 되어
그 분께 가장 귀한 향기가 되리.

이제 곧 아버지 집으로 가
아버지 품에서 안식하리니
아버지의 입맞춤으로
그 깊은 상처가 나음을 입으리.

세상의 안식일이 완성되기를 기대하시는 하나님

성경읽기 : 고린도전서 15:22-28

"내가 들으니 보좌에서 큰 음성이 나서 이르되 보라 하나님의 장막이 사람들과 함께 있으매 하나님이 그들과 함께 계시리니 그들은 하나님의 백성이 되고 하나님은 친히 그들과 함께 계셔서 모든 눈물을 그 눈에서 닦아 주시니 다시는 사망이 없고 애통하는 것이나 곡하는 것이나 아픈 것이 다시 있지 아니하리니 처음 것들이 다 지나갔음이러라"(계 21:3-4)

이제 세상의 안식일이 와야 하지 않겠습니까? 고난의 안식일로 말미암아 삼위일체 하나님은 세상의 안식일, 큰 날을, 세계의 완성을, 즉 만유가 하나님의 마음과 합할 날을 고대하고 계십니다(고전 15:28). 그때 안식의 평화가 만유 가운데 깃들게 될 것입니다. 그렇습니다. 온 세상이 창조주 하나님의 영광을 반영하고 인류는, 축복된 구원을 얻은 자로 하나님의 형상을 반영하게 되는 안식일을 고대하고 계십니다. 그때 하늘이 땅 위에 임하고 하나님께서 다시 그의 장막을 사람들 사이에 세우시며 그들과 함께 거하실 것입니다.

안식일은 그날이 속히 임하도록 도울 일꾼을 찾으시는 하나님의 간청을 말하고 있습니다. 그날에는 세상의 평화를 알리는 하늘나라의 모든 종이 울릴 것입니다. 왜냐하면 모든 피조물들이 창조주께로 돌아올 것이기 때문입니다.

예수님을 사랑하는 사람은 예수님이 고난과 고통이라는 값을 치르고 이룩하신 구세주의 나라, 신랑의 나라가 완성되기까지 쉴 수 없습니다. 예수님께서 그토록 고통당하시며 흘리신 보혈이 그분의 피조물에게 아직 도달하지 못하고 있는 한 그들은 함께 고통을 느낍니다. 그리고 그분의 고난과 연합하여 이 세상의 완성을 위하여 그분을 기꺼이 돕습니다.

그분의 사랑의 안식일, 고난의 안식일은 바로 세상의 안식일, 즉 세상의 완성과 사랑의 완전한 승리가 될 것입니다. 예수님의 희생제사가 온 세상과 인류의 완성을 위한 초석이 된 것처럼, 이날은 꼭 오고야 말 것입니다.

주여, 모든 이를 위한 안식일, 세상과 민족의 안식일, 마지막 날의 안식일이 오게 하소서! 그때에는 주님, 당신이 만유 안에서 만유가 되시며 우리 인간들 사이에 하나님의 장막을 세우시고 이 세상은 낙원으로 변할 것입니다. 그때에는 거룩한 창조주이시며 구원자 되신 당신께서 세상의 안식일의 잔치를 여실 것입니다. 왜냐하면 모든 원수들이 당신 아들의 발 아래 놓이고 인간들은 하나님 아버지의 품으로 돌아올 것이기 때문입니다.

온 세상을 위한 안식일,
마지막 원수도 쓰러지고
만물이 기뻐 뛰는 안식일,
하나님의 보좌가 이 땅에
인간들 가운데 거하시니
사랑이 이를 성취하리.

하나님의 마음을 위한 안식일,
모든 아픔은 사라지고
그분의 구원 계획이 성취되리.

모두들 본향으로 돌아오고
사랑 안에서 하나님께 경배 드리며
영원한 천국 잔치에 참예하리 .

　　예수님 고난의 길과 그분과 함께 가는 모든 죽음의 길의 끝은 승리와 부활입니다.

　　예수님이 가신 고난의 길 끝에는 빈 무덤이 있습니다. 죽음은 부활로 영생으로 변화됩니다. 고난과 죽음의 길에서 무엇이 왔습니까? 승리와 부활, 기쁨과 환희입니다. 그렇습니다. 부활절은 모든 고난의 길의 끝이 무엇인지 보여 줍니다. 우리 주 예수님의 생애에서 고난의 길과 수난절이 마지막 날이 아니듯이 고난도 결코 마지막이 될 수 없습니다.

　　그때 우리 예수님의 길에서 수난절이 부활절이 되고 죽음에서 생명이 소생하고 고난과 눈물이 기쁨으로 변화되었던 것처럼 오늘 우리들에게 대해서도 역시 마찬가지입니다.

　　예수님은 우리의 죄 때문에 고난의 길을 가셨습니다.

우리를 죄에서 구원하시려고 죽음과 무덤을 택하셨습니다. 우리가 예수님과 함께 이 죽음의 길을 가면 이 길에서 우리의 죄 된 옛 사람은 끊임없이 죽음에 이르고 하나님의 형상을 닮은 새 사람이 소생합니다. 비판적이고 완고하며 무자비하던 영혼에게서 사랑과 선함이 흘러나오고, 지배적이고 자기 고집대로 행하던 자에게서 온유함이 흘러나오며, 교만한 자가 겸손하게 변화하다니 얼마나 놀라운 입입니까? 우리가 죽음의 길에 자신을 내어줄 때 우리에게 일어나는 이 창조의 역사는 바로 하나님의 기적이 아닐 수 없습니다! 하나님은 독생자에게 부활을 허락하신 후, 예수님을 따라 십자가의 길을 가는 모든 이에게 부활을 허락하고 계십니다.

그렇습니다. 어느 한 영혼이나 공동체가 죽음의 길에 대하여, "예, 아버지."라고 대답하여 예수님과 함께 기꺼이 고난의 길을 간다면 결코 죽음에 머물러 있을 수 없다는 것을 부활절은 말하고 있습니다.

그러나 생명의 주이신 예수님과의 관계 속에서 그분께 대한 믿음으로 일어난 것이 아니라 원망과 증오 속에서 행한 것이라면 이러한 죽음에서는 결코 어떠한 생명도 소생할 수 없습니다. 죽음은 부활 승리의 비밀입니다. 우리가 땅에 떨어져 죽는 밀알의 길은 간 뒤에는 그전에 우리를 괴롭히던 세력들은 더 이상 영향력을 행사할 수 없습니다.

우리가 예수님의 승리에 대한 굳건한 믿음을 지니고 그분의 십자가의 길을 따르는 정도만큼 우리 생활에서 사단의 지배가 깨어져 나갑니다. 예수님께서 사망과 지옥의 권세에 자신을 완전히 내어 준 바 되었을 때 어린 양처럼 끝까지 참으면서 사랑하셨을 때 지옥의 권세는 무너져 내렸고 죽음의 사슬을 깨고 무덤에서 일어나셨습니다. 원수는 그분을 더 이상 어떻게 할 수 없었고 무덤을 지키던 세상의 파수꾼들도 엎드러졌습니다.

이것은 오늘날 우리에게도 해당되는 부활의 길입니다. 예수님과 함께 죽는 길을 가며 땅에 떨어져 썩는 한 알의 밀알이 되는 자만이 개인의 삶 속에서 부활 승리의 영광과 기쁨을 발하게 될 것입니다. 우리가 예수님의 승리의 부활을 믿으며 죽는 길을 간다면 이 땅에서도 이미 이 길에 따라오는 기쁨에 넘치는 부활을 경험할 것이며 또 언젠가는 하늘에서 영광 가운데 영생을 누리게 될 것입니다.